나답게, 충만하게
일하고 싶은
직장인의 퇴사로그

퇴근한 김에 퇴사까지

신건희 지음

FESTBOOK MEDIA

퇴근한 김에 퇴사까지

나답게, 충만하게 일하고 싶은 직장인의 퇴사로그

발행일 2022년 3월 9일 초판 1쇄
지은이 신건희
펴낸이 마형민
편집 김덕원
펴낸곳 페스트북 https://festbook.co.kr
Copyright (c) 신건희, 2022, Printed in Korea.
저작권법에 의해 보호를 받는 저작물이므로 무단 전재와 무단 복제를 금합니다
ISBN 979-11-92302-26-3 03320
값 13,000원

작가의 말

나는 누구일까요? 나를 어떻게 정의할 수 있을까요? 직장이나 학교? 요즘 유행하는 MBTI 성격 유형? 애초에 나라는 존재는 정의를 내릴 수 없는 걸까요?

2021년 7월, 브런치라는 글쓰기 플랫폼에 작가 신청을 하면서 저 자신을 누구라고 설명할 수 있을지 고민했습니다. 나는 무엇에 관심이 있는 사람일까? 나는 무엇을 할 수 있는 사람일까? 나는 나를 어떤 사람이라고 부를 수 있을까? 생각 끝에 한 문장을 끄적였습니다.

'일상을 정확하게 표현하는 일을 합니다.'

회사원에서 백수로, 다시 작가로 역할은 변하겠지만 전 항상 일상을 정확하게 표현하기 위해 고군분투하는 사람일 겁니다. 정확하게 표현된 일상만이 제대로 살아질 수 있다고 믿으니까요.

작년에 전 아주 혼란스러운 시기를 거쳤습니다. 다니던 회사에서 아무런 의미도, 행복도 느끼지 못했거든요. 스트레스 때문에 몸과 마음이 아팠습니다. 이대로는 안 되겠다 싶어 퇴사를 결정했습니다. 또 생각을 정리하기 위해 브런치에 글을 연재하기 시작했습니다.

마음을 가다듬으려고 쓴 글에 감사하게도 많은 분이 호응해주셨습니다. 제 앞날을 응원해주는 분도 있었고, 진심 어린 충고를 해주는 분도 있었습니다. 제 글을 보고 도움이 되었다는 말을 들을 때면 가슴이 벅차올랐습니다.

그렇게 하나둘씩 쌓인 글을 한 권의 책으로 엮어냅니다. 퇴사, 더 나아가 일과 인생에 대해 고민하고 계신 모든 분께 작게나마 도움이 되길 희망합니다.

책은 크게 세 파트로 구성되어 있습니다. 각 파트는 다음 질문에 대한 답변입니다.

1. 나는 왜 퇴사를 했을까?
2. 그럼 일은 어때야 할까?
3. 이제 무엇을 해야 할까?

회사를 다니는 동안 수없이 던졌던 질문이면서, 동시에 답을 찾아 나가는 저만의 방식이기도 합니다. 어떤 문제의 원인(Why)을 찾고, 해결 방향(How)을 정하고, 실천 방안(What)을 탐색합니다.

퇴사는 일과 사람, 그리고 인생의 방향성과도 맞닿아 있습니다. 왜 퇴사를 하는지, 어떻게 일을 해야 하는지, 무엇을 실천

해야 하는지 알아야 합니다. 쉽지 않은 과정입니다. 하지만 분명 가치 있는 일입니다.

전 모든 사람이 퇴사해야 한다고 믿지 않습니다. 제 얘기가 완벽한 진리도 아닙니다. 사람마다, 상황마다, 또 시기마다 각자의 답변은 달라야 합니다. 이 책에는 저의 대답을 담았습니다. 각자의 답은 스스로 발견해야 합니다. 이 책이 주는 건 정답이 아니라 정답을 찾아 나가는 과정입니다.

제가 찾은 나름의 정답은 나다움과 충만함입니다. 뻔하지만 의외로 실천하기 어렵습니다. 인생에 오롯이 책임을 지고 살아가야 하니까요. 여러분은 어떤 답을 찾으셨나요? 어떤 일을 하고 싶으신가요? 또 어떤 삶을 살고 싶으신가요?

마지막으로 이 책이 나오는 데에 도움을 주신 모든 분께 감사의 말씀을 드립니다. 작가로 살 수 있게 해주신 페스트북 미디어 식구들, 속 깊은 대화로 삶을 충만하게 해주는 소중한 친구들, 제멋대로 사는 아들을 사랑으로 지켜봐 주시는 부모님, 그리고 제 글을 읽어주시는 독자분들께도 감사드립니다.

이 책은 세상에 던지는 출사표이면서 모든 분께 드리는 자그마한 선물입니다. 오늘 하루도 나답게, 그리고 충만하게 살아가시길. 저도 그렇게 살겠습니다.

Prologue_나 연말에 퇴사하려고

부모님에게, 친구에게, 회사 동기에게 던진 한마디.

"나 연말에 퇴사할 거야."

입사한 지 이틀째부터 퇴사 퇴사 노래를 부른 지 어언 2년 반이 지났다. 직장인 예비 3년 차의 당돌한 포부를 들은 주변의 반응은 의외로 담담했다. 당장 내일, 다음 달도 아니고 연말이라니. 손가락으로 헤아려봐도 아직 반년이나 남지 않았는가. 아직 머나먼 일이어서인지, 아님 저러다 말겠거니 하는 마음에서인지. 나의 '퇴밍아웃'은 우선 부드럽게 이륙했다.

퇴사란 하나의 사건이다. 어지간한 용기와 간절함 없이는 이루어지기 힘든 사건. 다만 퇴사 자체보다 더 두려운 건 그 이후에 펼쳐지는 일상이다. 정확히는 일상의 '빈자리'다. 매달 통장에 들어오는 월급, 8시간 넘게 갇혀있는 사무실, 회사 선후배와 동료, 어디 가서 내세울 수 있는 소속감까지, 회사라는 공간은 내 일상의 상당 부분을 차지한다.

그 모든 걸 박차고 나온 자리에는 텅 빈 구멍이 남는다. 그 구멍을 무엇으로 채우지? 처음에는 그저 쉬는 것 만으로 행복하겠지만 그런 생활이 오래 갈리 없다. 생활비는 바닥나고, 주변 사람들은 수군거리고, 한국인 특유의 'K-불안감'도 엄습해 오겠지. 남들은 자기 집도 마련하고, 결혼도 하고, 승진도 하면서 인생의 단계를 하나씩 밟아 나간다. 그런데 나는 그저 그 자리에 서있다. 내 안에 자리한 거대한 구멍만을 끌어안고서.

머릿속으로 시뮬레이션을 돌리고 나니 정신이 아득해진다. 나 정말 퇴사해도 되는 건가? 괜히 질렀나? 그냥 조용하게 있다가 다른 회사 면접에라도 붙으면 얘기할 걸 그랬나? 이런 불안감이 사그라드는 건 의외로 직장에서다. 여전히 같은 자리에서, 같은 사람들과, 같은 일을 하는 바로 그 공간에서. 숨이 턱턱 막힌다. 맞아, 나 이래서 떠나려고 했지.

"난 왜 퇴사를 해야 할까?" 이 질문에 대한 대답은 너무나도 명확하다. 바로 '남아있을 이유가 없어서'다. 보통 퇴사라고 하면 '떠날 이유'를 떠올린다. 월급이 적어서, 야근이 많아서, 조직에 비전이 없어서, 저 상사 때문에 등등. 누구에게나 나름의 이유는 있다. 하지만 모두가 회사를 박차고 나오지는 않는다. 세상에 완벽한 조직은 없고 사람은 원래 불만의 동물이다.

더 이상 남아있을 이유를 찾지 못한 사람은 주섬주섬 짐을 챙긴다. 그리고 다음 행선지를 찾아 두리번거린다. 지금의 내 상황이 딱 그렇다.

문제는 이거다. 퇴사를 하는 이유는 정해졌다. 그런데 다음 목적지가 정해지지 않았다. 설령 정해졌다고 해도 '명확하고 현실적인 계획'이나 '가시적인 성과'가 동반되지 않는다면 주변의 따가운 시선을 견뎌내야 한다. 무엇보다 자기 자신을 설득하지 못한다. 무조건 환승 이직을 해라, 사이드 프로젝트가 월급만큼의 수익을 낼 때 퇴사해라, 무작정 나오지 마라 등의 조언은 바로 이 지점을 건드린다.

이런 조언은 일견 타당하나 두 가지 한계점을 갖는다.

1. 모든 게 정해질 때까지 무의미한 시간을 견뎌내야 한다.
2. 다음 스텝이 꼬일 경우 영영 퇴사할 수 없다.

마라톤 풀코스를 뛰고 이제 결승선이 코앞이다. 숨은 턱을 넘어 머리 끝까지 차오르고, 다리에는 힘이 하나도 없다. 그런데 갑자기 결승선이 5km 밖으로 당겨진다. 결승선을 통과하고 나서 어떻게 할지 정해지지 않아서란다. 누군가 옆에서 말한다. 여태까지 잘 뛰어 왔으니, 5km 정도는 견딜 수 있지?

타인의 시선은 순간에 머문다. 여태껏 달려온 과정이 아닌 지금 달리고 있는 장면만을 본다. 모든 여정을 겪어온 나는 미쳐버린다. 지금 당장이라도 쓰러질 것 같은데 더 뛰라고? 무슨 소리를 하는 거야? 난 여기서 멈추겠어.

퇴사 시기를 아예 못 박은 이유도 여기에 있다. 다음 직장이 뽑아줄 때까지, 사이드 프로젝트가 성공할 때까지 기다리지 않겠다. 견딜 수 있는 만큼만 견디고 나오겠다. 외부적인 상황이 아니라 내면을 따르겠다. 그런 선언이다.

그래서 뭐 할 건데? 아직은 할 말이 없다. 내 손에 있는 건 구체적인 계획이 아니라 일종의 상(像)이다. 마치 북극성처럼 걸어도 걸어도 닿을 수 없는. 꿈결을 헤매는 것 같다가도 한 번씩 선명하게 다가오는.

너무 모호하지 않냐고? 맞는 말이다. 꿈만으로는 살아갈 수 없다. 실행이 필요하다. 북극성을 의지하여 방향을 찾아가되 두 발 역시 바쁘게 움직여야 한다. 눈앞이 깜깜하다면 손으로 더듬어서라도. 아무것도 하지 않으면 아무것도 이루어지지 않는다.

인생의 진리는 여기서 그치지 않는다. 무언가를 한다고 해서 반드시 이루어지는 건 아니다. 이루어짐은 대부분 운에 좌우된다. 노력은 다만 그 운을 담아낼 그릇을 빚어내는 작업이다. 결과가 어떻게 될지는 알 수 없다. 하지만 적어도 그릇을 빚어내며 그 결마다 느껴지는 감촉에, 그 눅진한 향에 한껏 스며들 수 있다.

삶에 스며듦. 그건 삶만으로 내 안을 충만하게 채워가는 과정이기도 하다. 충만함을 경험하지 못하는 이들은 외부세계에서 자신의 갈증을 푼다. 그게 꼭 나쁜 건 아니다. 하지만 언젠가 이런 질문에 답해야 한다. '이게 다 무슨 소용이지? 왜 이리

허무한 걸까?' 회사를 다니면서도 수없이 답해야 했던, 대개는 애써 무시하며 덮어야 했던 의문. 내가 퇴사를 하는 진짜 이유는 어쩌면 충만함을 위해서일지도.

"아무튼 나 연말에 진짜 퇴사한다!"

- 퇴사 166일 전

/ Contents /

작가의 말   3

Prologue_나 연말에 퇴사하려고   6

#1 Why_나는 왜 퇴사를 했을까   15
    제 장래희망은 퇴사입니다   16
    회사엔 익숙해질 수 없어서   19
    지옥은 회사 밖이 아니라 마음 안에   22
    퇴사하면 꼭 떠나야 할까   25
    가고 싶은 회사가 없다   29
    퇴사하고 뭐하려고? 그냥 좀 쉬려고   33
    모두가 위를 바라볼 때 옆을 보니   36
    떠날 마음으로 회사를 다니자   39
    반차를 쓰고 카페에 앉으니 이게 자유로구나   41
    모두가 반대해야 내 길인가 싶다   44
    퇴사하면 낮잠을 실컷 자고 싶다   46
    회사 밖에 뭐가 있길래   49
    퇴사 안 하고 뭐하려고?   51
    지옥철로 출퇴근하는 삶   54
    어떻게 싫어하는 일만 하면서 살겠니   57

나는 하나로 살기로 했다	60
K-직장인은 쉴 수 있을까	64
'퇴사하기 좋은 날'은 오지 않아	67
나는 나의 눈치를 보기로 했다	69
회사에 말했다. '저 퇴사해요'	72
회사라는 보조바퀴를 떼고	75
유일한 사람이 된다는 것	78

#2 How_그럼 일은 어때야 할까   82

내 '일'이 아니라 '내' 일	83
좋아하는 일을 해야 하는 현실적인 이유	86
'존버'만으로는 부족하다면	91
회사에 과몰입 금지	94
내가 있을 곳은 여기가 아니야	97
내가 일하는 진짜 이유	99
나는 퇴사해도 이직 안 할거야	103
요즘 퇴사자가 부쩍 늘었다	106
워라밸이라는 환상	109
나만의 것을 갖고 싶다	112
퇴사는 최소한 내가 선택했으니까	116
어린 내가 묻는다. '커서 뭐 될래?'	119
지금 일에 비전이 없다면	122
파이어족, 괜찮은 걸까	126

돈이 되는 일이 아니라 내가 되는 일	131
퇴사하고 제대로 쉬는 법	134
나갈 때 퇴사메일 쓰지 말 것	138
월요병 없는 월요일	143
전 돈 때문에 일해요	147
업무 + 자유 + 문화 = 직업	151
내 일은 이래야 한다	153
출근길 아침해가 원망스럽다면	158
마이크로매니징하는 나쁜 상사	162
나는 내일이 기다려진다	166
있을 때 잘해 후회하지 말고	170

#3 What_이제 뭘 해야 할까   175

회사 그만두고 뭐 먹고 살려고?	176
퇴사 전 나에게 던지는 세 가지 질문	180
퇴사가 준비다	185
회사를 빼면 나는 누구일까	189
시간의 빈 공간을 두려워 하지 말자	192
그놈의 퍼스널 브랜딩	196
회사를 나오는 게 능력이야	201
퇴사해도 지구 안 망하네요	206
우린 기간제 직장인 그리고 백수	212
간만의 퇴근길	214

나의 완벽주의에게	217
모든 건 운이다	220
반백수의 절약법	223
나는 어쨌든 글 쓰는 사람	228
반백수는 오늘도 루틴 중	230
퇴사 후 한번 더 등 떠밀기	232
아무도 '그냥' 믿지 말자	235
나라는 장르	240
본가로 다시 돌아왔다	244
삶에 대해 생각하기 딱 좋은 날씨	250
꼭 모두가 퇴사를 해야 할까	253
고민의 총량을 팝니다	257
퇴사는 빠르게, 은퇴는 느리게	262
독립하고 싶다면 디자인	267

#1 WHY

나는 왜
퇴사를 했을까

제 장래희망은 퇴사입니다

장래희망하면 생각나는 에피소드 하나.

중학생 때다. 내가 원하는 장래희망과 부모님이 원하는 장래희망을 적으란다. 지금도 그렇지만 당시의 난 남과는 달라야 한다는 생각으로 충만해 있었다. 하지만 유난히 내성적인 아이인지라 그 다름을 쉽사리 표현하지 못했다. 고민 끝에 두 단어를 끄적였다.

- 내가 원하는 장래희망 : 탐정

- 부모님이 원하는 장래희망 : 명탐정

지금 생각해보면 '이 당돌한 녀석을 어떻게 해야 하나?' 담임 선생님의 고민이 컸으리라. 쟤는 커서 뭐가 되겠나 싶었을 거고. 그 아이는 한국식 루트를 충실히 밟아나가 K-직장인이 되었다는 후문이다.

"넌 꿈이 뭐야? 장래희망이 뭐야?"

저 질문이 드러내는 건 꿈이나 희망이 아니라 두려움이다. 이 나이 먹도록 장래희망 하나 없는 자신을 마주할 때 느끼는 두려움. 이런 사람에게는 방패막이가 필요하다. 왠지 그럴듯해 보이고 주변에서 추가 질문을 받지 않는, 그런 '직업' 말이다.

사실 장래희망이라는 단어 어디에도 구체적인 직업명은 없다. 장래희망이 꼭 의사, 변호사, 공무원이 될 이유는 없다는 소리다. 그런데 요즘엔 대기업이나 공기업처럼 '직장 = 장래희망'이라는 등식마저 성립한다.

장래희망은 말 그대로 장차 내가 하고 싶은 일이다. 세계여행도, 길거리 버스킹도, 쿠바에서 비빔밥 가게를 차리는 일도 장래희망이 될 수 있다. 직장은 그 자체로 고정된 이미지를 연상시킨다. 연봉은 얼마, 복지는 어떻고, 주요 업무는 무엇이고 하는 식이다.

하지만 일은 그보다 더 넓은 개념이다. 구체적인 행동으로 표상된다. 멈춰있지 않고 살아있다. 이룬다고 끝이 아니다. 그래서 장래희망은 직업이 아니라 일이 되어야 한다.

내 장래희망은 퇴사다. 퇴사 자체가 목적 일리는 없다. 퇴사란 책 〈삶이 내게 말을 걸어올 때〉의 표현을 빌리면 '한쪽 문을 닫고 다른 쪽 문을 여는' 행위다. 인생이란 어떤 의미에서는 일차선 도로다. 소위 'N잡'의 시대가 열렸지만 다양한 직업을 한 번에 가지는 건 여전히 까다로운 일이다.

만약 다른 길을 욕망한다면 과감하게 앞에 있는 문을 닫고 돌아서야 한다. 누군가는 그런 나를 책망한다. 제대로 해보지도 않고 그만두다니. 의지도 없고, 열정도 없고, 편하게만 살려고 하는구나. 그래 가지고 이 험난한 세상을 어떻게 살겠니.

하지만 포기야말로 인생에서 가장 위대한 선택이다. 삶의 우선순위가 명확한 사람은 누구보다 빠르게 포기할 줄 안다. 미련을 버려야만 새로운 세상을 맞이할 수 있다. 한쪽 문이 닫히면 다른 쪽 문이 열린다. 때로는 흘러가는 시간에 멈춤 버튼을 누르고 나만의 이정표를 세워야 한다. 살아지는 대로 생각하는 게 아니라, 생각하는 대로 살기 위해서.

물론 포기하는데서 멈춰서는 안 된다. 잠시 숨을 고르고 고개를 돌려 다시 시작해야 한다. 나는 퇴사를 꿈꾸지만 일을 그만둘 생각은 없다. 다만 조직생활이 주는 안온감, 네임밸류, 피라미드처럼 켜켜이 쌓인 위계질서를 포기할 뿐이다. 회사생활이 내 영혼에 얼마나 해가 되는지 깨달아서다. 아니, 영혼이라고 하면 너무 거창하다. 그저 즐겁지 않았다고 해두자.

내겐 새로고침이 필요하다.

컴퓨터가 버벅거릴 때마다 누르게 되는 마법의 F5가 말이다. 새로고침 버튼이 모든 문제를 해결해주는 건 아니다. 그저 새로 시작할 힘을 줄 뿐이다. 언제든지 훌쩍 떠날 수 있게.

그래서 삶을 가볍게 살려고 한다. 최소한 너무 많은 짐을 짊어지지 말아야지. 그러다 내 몸과 마음이 짓눌리면 그대로 땅에 박혀버릴 테니까. 여행을 해보면 안다. 기분 좋은 여행을 위해서 그렇게 많은 게 필요하지 않다는 걸. 특히 트래킹이나 도보여행을 떠난다면 더더욱. 여행자가 진 배낭의 무게는 마음의 무게와 같다는 말도 있지 않은가. 조금만 더 가볍게, 조금만 더 천천히.

아, 그리고 참고로 탐정이 되겠다던 꿈은 진즉에 포기했다. 혹시 알고 싶을까봐.

회사엔 익숙해질 수 없어서

"신 사원은 딱 회사 체질이야! 내가 볼 땐 그런데."

전에 있던 부서의 팀장님이 말했다. 팀 회식 자리에서 나온 말이었다. 회사생활은 할만하냐는 질문이 오가는 와중에 난 어려움을 토로했다. 실수도 잦고 힘들어서 회사를 다니는 게 맞는지 잘 모르겠다고. 근데 다른 사람이 보면 천상 회사원인가 보다. 그런가 보다.

하기야 누군들 괴롭지 않겠는가. 다들 곡소리를 내는 와중에 내가 가장 힘들다며 주저앉기도 민망하다. 너나 할 것 없이 어렵게 산다. 노력이 부족한 건가? 그럴지도. 간절함이 없는 건가? 아마도. 하지만 노력과 간절함에는 분명한 방향성이 있어야 한다. 엉뚱한 방향으로 노를 저어 가면 목적지에는 영영 닿을 수 없다. 적어도 어디로 향하는지 알아야 한다.

조금 여유로운 회사에 가면, 더 수평적인 직장으로 옮기면 나아질까? 그렇겠지. 그러면 그게 내가 바라는 삶인가? 아니다. 아무리 위계가 없어도 회사는 회사다. 그 앞에서 난 한없이 쪼그라드는 인간이다. 무엇보다 온전히 '내' 일을 하지 못하기에 쉬이 지치고 만다.

그나마 지금은 워라밸도, 고용안정성도 보장된 회사에 다니고 있다. 바쁘긴 해도 업무가 크게 복잡하지도 않고, 팀원도 나쁘지 않다. 그런데 이런 상황에서도 마음고생을 한다면 어떨까? 모니터 앞에 앉아 공허하게 자판만 두들기다가 집에 와서 쓰러지듯 잠든다면? 하루에도 몇 번이나 차오르는 괴로움을 눌러야만 한다면? 날 제대로 돌보지 못해 몸에 탈이라도 난다면?

최근에는 대상포진까지 걸리고 말았다. ("젊은 분이 어쩌다가"라는 의사 선생님의 말에는 그저 헛웃음만 지었다) 입사 이후 처음으로 일주일을 쉬었다. 집에 가만히 누워 나 자신을 돌아봤다. 아무것도 하지 않아도 세상은 잘만 돌아갔다. 닦달하는 상사도, 수시로 걸려오는 업무 전화도, 수백 개씩 쌓인 이메일도 없는 평온한 공간. 난 뭘 위해 일하는 걸까? 그 고생 끝에 얻은 게 고작 대상포진이라면 회사를 왜 다녀야 할까? 또 앞으로는 무슨 일이 닥쳐올까?

퇴사를 결심했던 마음이 더 굳어졌다. 덤으로 퇴사에 회의적이던 부모님도 설득할 수 있었다. 대상포진의 소소한 성과랄까? 물론 안 걸렸다면 더 좋았겠지만.

〈아픈 기간 동안 누워서 머릿속으로 떠올린 상념〉

1. 나는 내향적이다. 혼자 일하는 걸 좋아한다. 정 같이 일해야 한다면 정말 좋아하는 사람으로 주변을 채우고 싶다.

2. 나는 수평적인 분위기가 좋다. 수직적인 조직에서는 몸과 마음이 굳어버린다.

3. 나는 다채로운 일을 하고 싶다. 단순 반복에 실수만 잡아내는 행정적인 업무에는 쉽게 질려버린다.

4. 나는 의미 있는 일을 하고 싶다. 나 자신이 성장하고 다른 사람의 인생을 더 낫게 만드는 그런 일.

5. 나는 자유롭게 살고 싶다. 항상 그래 왔다.

'팀장님, 회사에는 익숙해질 수 없어서 그래서 나오려고 합니다'라고 속으로만 소심하게. 하지만 행동은 신속하게.

지옥은 회사 밖이 아니라 마음 안에

"회사가 전쟁터라고? 밀어낼 때까지 그만두지 마라. 밖은 지옥이다."

직장인이라면 다들 드라마 〈미생〉의 이 대사를 알고 있지 않을까? 그만두려고 하는 회사원을 붙드는 마지막 족쇄다.

비록 전쟁터 같은 직장 생활이지만 매달 나오는 월급, 소속감, 조직생활을 무시할 수 없다. 대책 없이 밖에 나갔다가는 지옥을 맛보게 되리라. 자영업자 중 절반 이상은 삼 년 이내에 망한다. 디지털 노마드도 상위 10% 이내가 아니면 답이 없다. 창업이 그렇게 쉬운 게 아니다. 더럽고 치사해도 회사에 발을 붙이고 있는 게 그나마 낫다.

이런 조언을 듣고 '그래, 역시 회사가 최고지!'라고 생각하는 사람이 얼마나 될까? 애초에 직장에 만족한다면 고민을 할 이유도 없겠지. 대개는 막연한 두려움과 불만족 사이에서 끝없는 고통을 느끼지 않을까? 지옥의 모습이다. 지옥은 회사 밖이 아니라 지금 내 마음에 있다.

마음이 지옥에 있다면 얼른 건져내야 인지상정이다. 냅다 상사 얼굴에 사직서를 투척하라는 말이 아니다. 내 마음이 지금 어디 있나 살펴봐야 한다. 지옥인지, 천국인지, 아니면 그냥 좀 지루한 버스 터미널 벤치 위에 있는지.

고등학교 시절 우리 반의 급훈은 '일체유심조'였다. 불교에서 나온 표현으로, '모든 건 마음이 만든다'는 뜻이다. 마음만 바꿔먹으면 회사에서도 얼마든지 버틸 수 있을까? 상사의 잔소리도 달콤한 세레나데로 듣는다든지.

쉽지 않다. 사실상 거의 불가능하다. 모든 건 마음이 만든다. 하지만 마음은 결국 세상에 대한 가장 자연스러운 해석이다. 해탈의 경지에 이르렀다면 모를까, 상사의 잔소리는 언제나 듣기 싫다. 얼음을 만지면서 '앗, 뜨거워'해도 손만 차가워진다.

마음은 통제할 수 없다. 그저 살피고 어루만질 수 있을 뿐이다. 어루만지려면 그 순간에 스며들어야 한다. 마음은 오로지 현재를 정확히 비춘다. 바꿀 수 없는 과거도, 불확실한 미래도, 마음의 입장에선 말할 수 없다.

마음을 살피는 방법은 의외로 간단하다. 매 순간 내가 어떻게 느끼는지 집중하면 된다. 회사 모니터 앞에 앉았을 땐 어떤 마음 상태인지, 출퇴근길에는 어떤 느낌을 받으며 살아가는지 등 말이다. 렌즈의 초점을 내면에 맞추고 끊임없이 관찰해야 한다. 메모를 해도 좋고, 머릿속으로만 기억해도 무방하다. 내 마음이 지금 어디 있는지 알아야 한다. 만약 지옥에 있다면 삶의 방향키를 돌려야 한다. 우선 나부터 살고 봐야지.

그리고 가능하면 구체적이고 정확하게 보자. '기분이 참 좋았다'보다는 '6개월간 매진했던 프로젝트를 성공적으로 마치고 마블링이 기가 막힌 한우 차돌박이 회식을 했더니 기분이 날아갈 것 같다. 해낼 수 있다는 자신감, 세상 아직 살만하구나 하는 안도감, 역시 돈이 최고구나 하는 자본주의적 카타르시스를 느꼈다.' 정도의 그림으로.

현실을 그려내는 초상화가 세밀할 수록 내 마음을 보다 섬세하게 어루만질 수 있다. 선택의 기준점도 잡을 수 있다. 선택에는 항상 기준이 필요하다. 내면을 기준으로 행동하면 최소한 공허하지 않다. 내가 나로서 살지 못했을 때 남는 그 씁쓸한 뒷맛이 말이다.

나도 내면을 열심히 관찰했다. 막연한 고통의 연장이 아니라 확실한 결단을 위해서. 가까운 직장동료와 있을 땐 즐거웠지만 업무에는 끝내 만족하지 못했다. 승진 운운하는 말이 나와도 설레지 않고 공허했다. 자유를 속박당하는 이 숨 막히는 감정. 이걸 견뎌내는 이유가 매달 받는 월급 때문이라니.

견딜만하지만 계속할 순 없다. 마치 맛없는 음식을 매번 입에 넣는 기분. 배부른 소리일 수 있다. 하지만 내가 나를 챙기지 않으면 그 누구도 나를 돌봐주지 않는다. 누군가는 말하겠지. 너 정도는 아무것도 아니야.

사람은 누구나 짐을 지고 길을 나선다. 그 무게감이 어깨를 짓누른다. '삶은 고통이다'라는 문구가 살갗에 새겨질 만큼. 그 와중에 눈을 이리저리 돌려 짐의 크기나 무게를 비교하는 게 무슨 의미가 있을까? 친구가 한 번은 이런 말을 한다. '생명이 있는 모든 것은 버티며 살아간다.' 그렇다면 적어도 언제 어디서 버틸지는 결정해야 하지 않을까? 그저 살아남기 위해서가 아니라, 잘 살아내려면

퇴사하면 꼭 떠나야 할까

"우리가 어떤 민족입니까?"

대부분은 배달의 민족을 떠올리겠지만 (사실 그걸 의도했다) 난 말하련다. 한국인은 여행의 민족이라고. 코로나19 사태가 터지기 전 기억을 더듬어보자. 인천공항은 매년 최고 이용객 수를 갱신한다. 세계 구석구석 안 가는 데가 없다. TV건 유튜브건 여행 프로그램이 넘쳐난다. 한국인은 여행을 정말 사랑한다.

한국인의 유별난 여행 사랑은 퇴사라는 키워드와 잘 섞여 들어갔다. 퇴사 후 세계여행, 퇴사 후 산티아고 순례길 걷기, 퇴사 후 제주도 한달살기를 실천한다. 수많은 경험담과 간증이

이어진다. 떠나야 한다. 머나먼 곳으로. 최소한 비행기를 타고 제주도로.

퇴사 후엔 넓은 들판이 펼쳐진다. 어느 방향으로 향하든 자유다. 철학자 사르트르가 옆에서 속삭인다. '인간은 자유롭도록 저주받은 존재'라고. 누구나 자유를 원하지만 막상 문이 열리면 두려워진다. 적어도 회사에선 이런 걱정을 할 이유가 없었는데. 어디로 갈지는 확실했는데.

세상은 기다렸다는 듯 몇 가지 대안을 제시한다. 그중 하나가 '한달살기'를 필두로 한 장기 여행이다. 회사의 'ㅎ'자도 생각나지 않게끔 아예 멀리 떠나버린다. 해외여행을 다니면 꼭 큰 배낭을 메고 다니는 한국인을 심심찮게 찾아볼 수 있다. 대륙을 넘나드는 세계 여행자. 심지어 첫 해외여행을 세계여행으로 떠나는 사람도 있다. 대부분이 퇴사자 혹은 휴학생이다.

퇴사자의 발길은 산티아고 순례길로도 이어진다. '퇴사하면 산티아로'가 거의 '국룰'이다. 길 위에서 만난 한국인과 대화를 해보면 태반이 퇴사자다. 불안감을 떨치려고, 뭘 할지 생각을 정리하려고, 예전부터 시간이 나면 오고 싶어서 등 이유는 다양했다. 나도 '퇴사하면 이 길을 다시 걸어야지'라고 생각했다.

1. 퇴사를 결정하고 가장 먼저 맞닥뜨리는 질문: 그래서 퇴사하고 뭐하지?

'나 퇴사해'라고 조심스레 던진 한마디는 모두의 마음에 크고 작은 파문을 일으킨다. 그리고 그 파문은 다시 반사되어 돌아온다. '퇴사하고 뭐하려고?'라는 질문으로. 말을 얼버무리는 순간, 의심의 눈초리를 피할 수 없다. 제대로 생각은 해본 거냐, 요즘 세상이 얼마나 각박한데 대책도 없이 나가려고 하냐, 회사는 전쟁터지만 회사 밖은 지옥이다 등등등.

손 놓고 당할 수만은 없다. 이때 임시로나마 세울 수 있는 바리케이드가 바로 장기 여행이다. 좋다는 간증이 이어지는 데다 퇴사에도 당위성을 부여한다. 여행을 다니며 생각할 시간을 벌어다 준다는 장점도 있다. "나, 제주도로 한달살기 하러 갈 거야."

불신은 부러움으로 바뀐다. 버킷리스트를 한 번이라도 끄적여봤다면 안다. 여행은 그 리스트에서 절대 빠지지 않는다. 물론 끝까지 물고 늘어지는 사람도 있다. 그러니까 그 한달살기 이후에는 어떻게 할거야? 그러면 여행지에서 생각해보겠다는 모호한 답변으로 마무리. 완벽하다.

나도 한달살기를 할 생각으로 지도를 뒤졌다. 그러다 문득 이런 생각이 들었다. 어디로 가는지가 그렇게 중요할까? 애초에 왜 한달살기를 해야 하는 걸까? 내가 한달살기를 하려고 퇴사를 하는 건가? 그건 분명 아니다. 여행을 좋아하긴 하지만 그게 퇴사의 이유가 될 수는 없다.

2. 다음으로 던지는 질문: 나는 왜 떠나려는 걸까?

퇴사를 결정하고 가장 먼저 떠올리는 질문은 보통 '무엇(What)'이다. 퇴사하고 뭐하지? 퇴사하고 여행이나 갈까? 이직은 어느 회사로 해야 하지? 실은 '왜(Why)'라는 질문이 선행되어야 한다. 나는 왜 퇴사를 할까? 나는 왜 굳이 떠나려는 걸까? 나중에라도 이유를 붙일 수 있다면 그 퇴사, 충분히 좋다.

떠남에는 충분한 이유가 있어야 한다. 그래야 방향을 잡을 수 있다. 걸려 넘어지더라도 힘을 낼 수 있다. 자기 자신을 설득할 수 있다면 어디든 갈 수 있다.

반대로 그저 끌리는 대로만 걷다 보면 쉬이 지치고 만다. 왜 괜히 나와서 이 고생을 하나 싶다. 충동이나 로망도 분명 필요하지만 그것만으로는 부족하다. 회사에서 겪는 우울감, 스트레스도 마찬가지다. 나와도 다음이 없다. 물론 비전도 없고 그저 괴롭기만 하다면 당장 박차고 나와야 하지만.

책 〈인생학교: 일〉은 일에 던질 수 있는 세 가지 질문을 소개한다. 지금 여기서 일하는 게 맞나 싶을 땐 이 체크리스트를 활용해보자. 직업은 물론 인생에도 적용할 수 있다.

- 의미가 있는가?

- 몰입할 수 있는가?

- 자유로운가?

지금 다니는 직장이 의미도, 몰입하는 시간도, 자유도 없다면? 떠나면 된다. 하나라도 있다면? 고민해보자. 다 있다면? 굳이 떠날 이유가 없다. 그런데 아마 꿈속에나 존재하는 회사가 아닐까 싶긴 하다.

원인을 알았다면 이제 해결책을 꺼낼 차례다. 의미 있는 일, 몰입할 수 있는 일, 자유롭게 할 수 있는 일을 찾아야 한다. 그런 일이 지금 회사에 없다면? 떠나야 한다. 인생은 포기와 선택의 연속이다. 단단한 기준에 기반을 두고 삶을 더 건강하게 끌어가야 한다.

가고 싶은 회사가 없다

대학교 4학년 2학기, 세상은 나에게 '취준생'이라는 또 하나의 타이틀을 붙였다. 아직 나는 어디로 갈지도 모르는데. 취직을 하고 돈을 벌어야 하다니. 어디서부터 시작해야 할까. 온갖 조언과 정보가 넘쳐난다. 오히려 많아서 문제다. 예전에는 거들떠보지도 않던 취업설명회, 취업특강 팸플릿을 주섬주섬 챙긴다. 취업 관련 유튜브 영상이나 블로그 포스팅도 챙겨본다.

하반기 공채 시즌이 시작이니 얼른 자소서, 인적성, 면접을 준비하란다. 캘린더에 하나하나 표시를 해가며 지원에 열을 올렸다. 수업은 마지막 학기라 널널했지만 마음이 싱숭생숭했다. 취업이 안되면 졸업을 미뤄야 하나? 계속 백수로 살아야 하나? 온갖 생각이 다 들었다. 이놈의 취직이 뭐라고 나를 이토록 괴롭히나. 대기업 공채에서 줄줄이 고배를 마셨다. 외국계 기업과 중견기업으로 눈을 돌렸다. 그러다 한 회사에 운 좋게 붙었다.

취업의 어려움이야 말할 필요도 없다. 하지만 진짜 이야기는 그 이후에 펼쳐진다. 가고 싶은 곳이 아니라 갈 수 있던 곳을 선택한 대가는 컸다. 안정적인 회사지만 뭔가 모를 불안감이 수시로 엄습해온다. 버티면, 그저 버티면 나도 저 상사처럼 되는 건가? 조직 내에서 딱히 롤 모델이라고 할만한 사람도, 가슴 뛰는 비전도 찾아볼 수 없다.

그럼 자연스레 딴생각을 하게 된다. 입버릇처럼 '퇴사할 거야, 다른 회사로 이직할 거야'를 떠들고 다니다 문득 아찔해진다. 아무리 찾아봐도 가고 싶은 회사가 없다. 세상에 완벽한 회사는 없다지만 이건 너무하지 않나? 물론 이른바 '꿈의 직장'이라고 불리는 곳은 있다. 하지만 그조차도 단점이 뚜렷하거나, 내가 갈 수 없거나, 둘 중 하나였다. 대개는 둘 다 였고.

너무 불평불만이 많은 건가 싶기도 하다. 타협을 해야 하는데 그게 잘 안된다. 한 가지는 분명하다. 뭔가 잘못되었다. 만약 상사가 문제라면 부서를 옮기면 된다. 조직이 문제라면 회사를 옮기면 된다.

그보다 더 넓은 차원의 문제라면 어떨까? 조금 더 과감한 상상력이 필요하다. 예컨대 '꼭 회사를 다녀야 하나?'식의 질문 말이다. 생각해보면, 일하는 방법은 다양하다. 다만 생각이 거기까지 미치지 못한다. 마치 암흑 지대와 같다. 막연한 두려움과 불안감이 공존하는 곳. 저기 가면 패가망신한다는 소문만이 무성하다.

나 역시 그 소문을 믿었다. 더 중요한 건 회사도 그 사실을 너무나도 잘 알고 있었다.

'어차피 넌 갈 데도 없지? 내 명령에 충실히 따라야 할 것이야. 너의 시간도, 에너지도, 신념도, 자유도 내가 사겠어. 매달 주는 월급으로 말이야. 열심히 노력해봐. 운이 좋으면 승진할 거고, 더 많은 돈을 받게 되겠지. 어깨도 나름 으쓱해지고 말이야. 하지만 언젠가 나는 너를 내칠 거야. 그 이후의 일은 알아서 잘하리라 믿어. 여태까지 그랬던 것처럼.'

누군가에게 의존하면 편하다. 하지만 그만한 대가를 지불해야 한다. 직장에서 일을 하고 월급을 받아가는 건 회사라는 시스템을 이용하는 것과 같다. 그래서 내가 일한 양보다 적은 몫을 받아간다. 항상 그렇다.

그런데 그 비용, 생각보다 꽤 크다. 우선 출근부터 퇴근까지 회사에 머물러 있어야 한다. 상사 눈치도 봐야 하고 실수를 했다면 욕도 먹어야 한다. 낮잠을 자고 싶어도 참아야 한다. 이리 치이고 저리 치이고 마음은 너덜너덜해진다. 몸 건강을 온전히 신경 쓰기도 어렵다. 어디 하나 제대로 고장 나야 회복에 전념할 수 있다. 돌아오면? 다시 일상의 반복이다. 이래서 월급은 마약이라고 했던가.

사실 회사에 만족하지 못하는 건 당연하다. 회사는 개개인의 행복이나 삶의 의미가 아니라, 이윤 극대화를 위해 조직되었기 때문이다. 아무리 ESG 경영이 화두라지만 여전히 기업의 초점은 이윤 창출에 있다. 그 모토 아래 위계질서가 생긴다. 여기에 한국식 군대문화와 집단주의가 결합한다. 그렇게 모두가 아는 K-기업문화가 찬란하게 모습을 드러낸다.

회사는 시스템을 위한 시스템이지, 사람을 위한 시스템이 아니다. 내가 회사에 맞춰야지, 회사가 나에게 맞춰주지 않는다. 절이 싫으면 중이 떠나야 한다. 아니면 참으면서 다니든지. 아 물론 그 피라미드의 정점에 올라도 된다. 집단주의의 장점은 최상위 계층에게 가장 안락한 삶을 제공한다는데 있다. 그래서 오늘도 그 사다리를 오르기 위해 고군분투한다.

적어도 나에겐 이 상황이 그리 달갑지 않다. 누군가의 아래에 있는 것도, 누군가를 누르고 위로 오르는 것도 말이다. 정말이지 지독한 개인주의자다. 이러다 보니 어떤 회사도 눈에 차지 않는다. 이렇게 결심한다. 차라리 그 시스템을 내가 만들어보자. 내가 나를 먹여 살리자. 마치 금단증상처럼 불안감이 엄습해오겠지. 불안감을 이겨내는 건 대안이다. 다른 시선, 다른 시공간에서 빚어낸 대안.

괜히 급해지는 내 마음에 속삭인다. 천천히, 차근차근, 내 호흡에 맞춰서.

퇴사하고 뭐하려고? 그냥 좀 쉬려고

질문이다. 질문이 나를 향해 쏟아지고 있다. 시간차를 두고 아주 맹렬하게. 퇴사한다는 그 한마디가 발단이다. 인간관계도 그리 넓지 않건만 내게 이렇게도 관심이 많았다니. 고마운 일이다. 나를 신경 쓰지 않았다면 듣지 않았을 말이니까. 이젠 준비해야 한다. 내가 생각하는 알맞은 대답을. 이 마음을 표현할 조금 더 정확한 대사를.

남을 설득하기 위해서가 아니다. 내 행동에 내가 온전히 책임질 수 있다면 그 누구의 허락도 필요하지 않다. 저마다의 인생에서 저마다의 선택을 내린다. 사실 무섭다. 그래서 누군가의 말을 듣는 게 한편으로는 그렇게 편한가 보다. 무거운 짐을 조금이나마 덜어낼 수 있으니까.

퇴사는 그 묵직함을 온전히 감당하겠다는 선언이다. 당차지만 그만큼 걱정 어린 시선을 받는다. 내 안팎에 끈질기게 자리한다. 왕이 되려는 자, 그 왕관의 무게를 견디라고 했던가. 왕은커녕 이제 갓 노비 딱지를 떼는 건데 조금 버겁다. 그래서 나만의 방패를 집어 든다.

"나 쉬려고."

단순 명료하다. 쉬겠다는 사람을 붙들고 무슨 말을 할 수 있을까? 만약 사업을 하겠다, 다른 회사로 가겠다, 시험 준비를 하겠다고 말했다면? 당장 잔소리가 날아온다. 듣고 나면 변화에 대한 막연한 두려움과 현실에 안주하고픈 마음이 찾아온다. 사실 당연한 감정이다. 변화에는 큰 에너지가 필요하다. 물이 끓으려면 엄청난 열이 가해져야 하는 것처럼. 차라리 지금의 괴로움을 견디자, 이렇게 타협하기도 한다.

난 차라리 주저앉으련다. 졸업도 하기 전에 취업한 회사다. 취준생에서 바로 직장인이 되었다. 뭣도 모르고 달려 나갔다. 매달 나오는 월급과, 칼퇴와, 동기와의 뒷담화로 괴로움을 조금씩 눌렀다. 하지만 그조차도 충분하지 않은 순간이 찾아온다. 모순이 하나둘씩 쌓여 무시할 수 없을 만큼 커졌을 때, 퇴사를 결심한다. 난 그랬다.

얼마 전 친구와 카페에 앉아 이런저런 얘기를 나누었다. 친구 왈, 쉴 거면 나오고 다른 일을 할 거면 조금 더 다니란다. 보통은 반대로 말하지 않나. 그러자 친구가 그런다. 쉼에는 다른 이유가 필요 없지만, 다른 일에는 조금 더 시간이 필요하니까. 힘들면 너부터 챙겨. 다른 사람 신경 쓰지 말고.

 사실 그렇다. 힘드니까 쉬는 거다. 그저 그뿐이다. 마음이 오히려 편해진다. 거창한 청사진 따위 없어도 되는 거구나. 조금 앉아서 쉬어가도 되는 거구나. 친한 동생도 말한다. 몇 달 쉰다고 안 죽는다고. 쉬어도 괜찮다고. 이 말에 마음이 동하는 건 그만큼 힘들어서겠지.

 뜨거운 여름날, 농부는 절대 일을 서두르지 않는다. 태양빛이 내리쬐는 낮에는 잠을 청한다. 해가 떨어지고 서늘한 기운이 스며드는 저녁, 연장을 챙겨 집을 나선다. 지금 당장 눈앞의 일에 매몰되면 쓰러진다는 그 단순한 진실을 알아서다.

 조금 쉰다고 인생이 망가지진 않는다. 오히려 제대로 쉬지 못하면 무너져버린다. 일에도, 공부에도, 관계에도 쉼이 필요하다. 쉼이란 적정한 거리를 두는 행위다. 손에 들고 있던 짐을 잠시 내려놓고 다른 관점으로 현재를 바라본다. 단순히 누워서 낮잠을 자는 행위 이상의 의미를 갖는다. 그렇게 삶을 다시 안고 갈 힘을 얻는다.

 일과 일정한 거리를 두는 것, 그게 내가 일을 사랑하는 방식이다. 몰입하면서도 중독되지 않고, 최선을 다하지만 너무 무리하지 않는다. 일과 일 사이에 쉼표를 찍는다.

모두가 위를 바라볼 때 옆을 보니

영화 〈설국열차〉의 한 장면이 떠오른다. 인류에 의해 지구는 완전히 얼어붙는다. 남은 생존자들은 설국열차에 오른다. 설국열차는 일 년 내내 전 세계를 돈다. 꼬리칸에 있던 사람들은 머리칸으로 전진한다. 더 나은 환경과 자유를 얻기 위해. 갖은 희생 끝에 머리칸 앞에 있는 문에 도착한다. 문을 열어달라는 주인공 커티스의 말에 기차의 보안설계자 남궁민수는 대답한다.

"내가 진짜 하고 싶은 게 뭔지 알아? 문을 여는 거야. (뒤에 있는 문을 보며) 이런 문이 아니라, (옆에 있는 문을 가리키며) 이 쪽 문을 여는 거야. 이 바깥으로 나가는 문들 말이야. 워낙 18년째 꽁꽁 얼어붙은 채로 있다 보니까 이게 이젠 무슨 벽처럼 생각하게 됐는데 사실은 저것도 문이란 말이지?"

— 영화 〈설국열차〉(2013) 중

기차는 하나의 길만을 제시한다. 그저 앞뒤로만 움직일 수 있다. 꼬리칸에 가까워질수록 비참해지고, 머리칸에 다다르면 천국 같은 삶을 누릴 수 있다.

그게 전부일까? 조금만 고개를 돌려 옆을 보면 밖으로 나가는 문이 있다. 물론 바깥에는 매서운 바람이 분다. 모든 게 꽁

꽁 얼어있다. 나가면 죽을지도 모른다. 하지만 남궁민수는 기어이 그 금기의 문을 열어낸다. 그렇게 '바깥'이라는 새로운 세계가 펼쳐진다.

위로, 더 위로 올라가야 해. 그렇게 배웠다. 좋은 대학, 좋은 직장, 좋은 집, 이 모든 걸 탐닉해야 한다. 그리고 끝없는 경쟁. 누군가를 하나둘씩 밟고 올라서야 한다. 현실 속 머리칸에 도달하기 위해. 죽어라 노력하고 독하게 살아야 한다. 노력, 그리고 노오력.

사다리를 오르는 과정은 고통스럽다. 손에 굳은살이 배기고 다리는 후들거린다. 그래도 이 모든 분투가 언젠간 보상받을 거라는 막연한 희망을 안고 위로 향한다. 적어도 실패하지 않기 위해. 성공 따위는 바라지도 않는다.

혹시 이런 상상을 해볼 수는 없을까? 아래위, 앞뒤가 아니라 옆으로 움직일 수 있다는 상상. 이 발상은 실로 차원을 넘나 든다. 1차원 '선의 세계'에서 2차원 '면의 세계'로. 더 나아가 3차원 '공간의 세계'로.

선의 세계에 사는 사람이 면을 바라보면 뭐가 보일까? 그저 선 밖에 보이지 않는다. 보이지 않으면 인식할 수 없다. 인식하지 못하면 불확실하다. 불확실성은 두려움으로 이어진다. 두려움 앞에서 사람은 굳어버린다. 그렇게 선에 갇힌 채 살아간다.

심지어 누군가는 0차원 점에서 움직이지도 못한다. 앞으로 나아갈 힘조차 없다.

사무실 입구에 조직도가 떡하니 붙어있다. 누군가는 분명 그 잘 짜인 피라미드를 보며 안정감을 느끼겠지. 숨이 막힌다. 나를 짓누르는 내 위의 사람, 그 위에 있는 사람, 그 위에 있는 어떤 다른 사람. 회사는 한 방향을 가리킨다. 정상에 올라야 한다. 그게 네가 회사를 다니는 이유다. 연신 목줄을 쥐고 이리저리 흔든다.

퇴사란 그 목줄을 푸는 행위다. 새로운 방향을 제시한다. 앞이나 위가 아니라, 옆을. 당연하지만 '옆'에도 삶은 존재한다. 긍정적인 시선이 필요하다. 긍정은 낙관과 다르다. 삶을 있는 그대로 인정하고 받아들이는 태도다.

다른 형태의 삶을 상상하려면 긍정해야 한다. 나와 나를 둘러싼 세계를. 어렴풋이 뭔가가 보인다. 나에겐 그게 퇴사였다. 꼭 퇴사할 필요는 없다. 하지만 기억해두자. 언제든지 대안이 있다. 생각보다 가까운 곳에.

설국열차에 갇힌 기분이 든다면 문을 열어 바깥세상을 맞이하자. 차갑지만 포근한 공기가 나를 감싸고, 소복하게 쌓인 눈밭이 펼쳐진다. 그 위엔 아마 내 발자국만 선명하게 남겠지. 아무도 걷지 않는 길이니까. 발걸음이 가볍다.

떠날 마음으로 회사를 다니자

직장인은 가슴속에 사직서 한 장씩을 품고 산다고 했던가. 누구나 퇴사를 꿈꾼다. 실행하지 못할 뿐이다. 하지만 걱정하지 말자. 내가 원하지 않아도 회사가 그 꿈을 이뤄준다. 시기가 언제인지는 알 수 없다. 회사는 영원하지 않고 언젠가 그 밖으로 던져질 날이 온다. 그렇다면 차라리 이별을 준비하는 건 어떨까? 당장 새로운 도전을 할 수 없다면 마음의 준비라도.

준비하지 않으면 아무도 배낭을 대신 꾸려주지 않는다. 언젠가 떠날 나만의 여행길이다. 배낭 안에는 뭐가 들어있을까? 월세를 따박따박 받을 수 있는 건물이라면 다행이다. 대개는 카드빚과 작고 귀여운 통장잔고, 퇴사하고 뭐할지 모르겠어하는 불안감 한 스푼이 전부다. 준비를 하라는데 어디서부터 뭘 해야 할지 막막하다.

누군가 회사를 나와 성공했다는 미담을 늘어놓아도, 절대 나오지 말라며 겁을 줘도 걱정되는 건 마찬가지다. 내 목표를 이루지 못할까봐, 이게 잘못된 선택일까봐. 정해진 미래조차 불안할 때가 있기 마련이다. 자신감이 넘치다가도 한없이 작아지는 나. 어르고 달래 앞으로 나아갈 수밖에.

애매한 행복과 확실한 불행. 어느 쪽이 나을까? 사람은 의외로 후자를 선택한다. 불확실성이 주는 고통은 생각보다 크다.

구약성경에 나오는 예언자 모세는 이집트 왕국 치하에서 고통받던 이스라엘 백성을 해방시킨다. 그리고 광야로 나선다. 하지만 군중의 반응은 달갑지 않다. 춥고 배고프고 힘들다. 목적지에 닿을 수 있을지 확실하지도 않다. 예전 노예 시절이 더 나았다며 불평하기도 한다.

지금의 회사는 나에게 확실한 불행이다. 물론 고통스러운 시간만 있는 건 아니다. 어디에나 소소한 행복은 있다. 등에 채찍을 맞아가며 강제노역을 했던 이스라엘 백성조차 그 한 줌의 추억을 떠올렸다. 광야는 거칠다. 제대로 된 잠자리조차 없다. 차라리 선지자의 뒤를 따르는 백성이라면 낫다. 앞만 보고 열심히 달려가면 되니까. 모세에게도 길을 일러주는 신이 있었다.

회사 밖은 광야다. 그 공간에 발을 들이려면 약간의 무모함이 필요하다. 내가 나 자신의 인도자가 되어야 한다. 그렇다면 어디에서 그런 용기를 얻을 수 있을까? 이렇게 생각한다. 용기는 나같은 겁쟁이만이 누릴 수 있는 특권이라고.

매사에 대범할 수 있는 사람은 거의 없다. 모든 일에 무모하게 덤벼들다간 살아남지 못한다. 우린 호랑이만 보면 달려들던 사냥꾼이 아닌, 바스락거리는 소리에도 나무 위로 피신하던 겁쟁이의 후손이다. 퇴사는 분명 겁나는 일이다. 하지만 회사에 계속 남아있는 게 더 두렵다. 가슴이 떨리고 머리가 아프다. 용기를 내본다. 그 용기란 공포심의 또 다른 모습이다.

그렇다면 정확히 무엇을 겁내야 할까? 바로 필연성이다. 결국 모든 게 끝난다는 사실. 이보다 더 무서운 건 없다. 내 인생도 회사도, 어쩌면 이 우주 전체도 언젠가 끝이다. 끝은 과정을 묻는다. 너 그동안 뭐했어? 그 앞에선 누구나 바들바들 떤다. 인생을 제대로 살아내지 못했다는 두려움에 휩싸여서. 그런 추궁을 감내할 자신이 없다.

울타리 밖으로 나와 서툴게나마 내 발로 걸어보련다. 광야는 거칠지만 자유롭다. 내 목소리는 이렇구나, 바깥의 바람이란 이런 거구나, 하나둘씩 자각한다. 감각이 깨어나면 길이 보인다. 잘 닦인 길이 아니라 바위틈을 따라 난 샛길이다. 끝이 보이지 않는다. 언젠가 모든 건 끝난다. 그 사실이 묘하게 편안하다.

반차를 쓰고 카페에 앉으니 이게 자유로구나

난생 처음 쓰는 반차다. 급한 일만 끝내 놓고 자리를 박차고 나왔다. 행복은 나누면 배가 된다고 했던가. 어쩐지 긴 휴가보다 기분이 좋다. 휴가가 길어지면 늦잠을 자고 일어나 오전 시간 대부분을 날려먹기 일쑤다. 오후 시간만 쉴 수 있다는 생각에 더 알차게 보낼 궁리를 하게 된다. 내가 좋아하는 초밥을 점심으로 먹고 뷰 맛집 카페를 찾아가자.

카페에 들어와 음료를 주문하고 자리에 앉는다. 노트북을 펴고 옆에는 책 하나를 둔다. 잔잔한 음악이 나를 감싼다. 창밖으로 넓은 하늘과 도시가 펼쳐진다. 오늘따라 날씨는 왜 이리 좋은지. 글을 쓰다가 잠시 하늘을 본다. 책을 보다가 쉰다. 그렇게 내 호흡에 맞춰 시간을 보낸다. 뒤통수에 대고 잔소리하는 상사도, 세상 끝날 것처럼 걸려오는 업무전화도 없다. 오래간만에 마음이 평화롭다.

평일 오후. 그래도 사람이 조금 있다. 학생이거나 프리랜서거나 백수거나 나처럼 자유를 맛보러 온 직장인이겠지. 매일 이렇게 산다면 어떨까? 행복할까? 불안할까? 맛있는 음식도 매일 먹으면 질리듯이 무뎌지고 진절머리가 날까?

혹자는 말한다. 쉬는 것도 하루 이틀이지 결국 사람은 일을 해야 한다고. 맞는 말이다. 하지만 적어도 어디서 일할지 고를 자유쯤은 있다. 맛있는 음식만 먹으면 질리지만 맛없는 음식만 먹으면 체한다. 욕심이 난다. 이 자유를 계속 누리고픈 욕심. 이 마음이 커져 어찌할 수 없는 지경이 되면 회사를 나오게 되겠지.

자유는 마약과 같아서 한번 맛보면 다시는 예전으로 돌아갈 수 없다. 손끝을 담가 한 조각이라도 입에 담는 순간 끝이다.

퇴사를 한다고 쭉 프리랜서로 지낼 수 있을지는 모르겠다. 적어도 거대한 조직에서 부품처럼 살지는 않겠지. 그건 너무 가혹한 일이니까. 나에게 이 이상 잔인해지고 싶지 않다.

난 자유를 욕망한다. 자유를 만끽하는 사람을 보면 부럽다. 부당한 간섭이나 오지랖, 명령체계에는 신물이 난다. 자신의 길을 찾으려면 예민함을 잘 살펴야 한다. 언제 화가 나고, 불편하고, 민감해지는지. 유독 예민해지는 순간이 있다면 그곳에 나만의 샛길이 보인다.

난 자유에 예민하다. 그래서 회사에선 항상 날이 서있다. 조직의 이름으로 하달되는 지시사항, 결과물을 하나하나 지적하는 상사, 승진을 미끼로 연신 당겨대는 목줄까지. 알고 있다. 싫으면 떠나야 한다는 사실을. 회사에는 회사만의 문법이 있다. 회사를 욕할게 아니다. 예민함이 부드럽게 안착할 수 있는 공간을 찾아야 한다.

공간은 사람이다. 좋은 동행을 구할 수 없다면 혼자 길을 나서도 좋다. 세상엔 위험이 가득하지만 그 이상으로 강해지면 된다. 단단한 사람이 되고 싶다. 누구에게도 함부로 휘둘리지 않게끔. 그 와중에 함께 하고 싶은 사람을 만난다면 더 기쁜 일이고.

시간을 자유로움으로, 공간을 좋은 사람으로 채우고 싶다. 난 이 모든 걸 욕망한다.

모두가 반대해야 내 길인가 싶다

엄마 말을 지지리도 안 듣던 청개구리. 강 옆에 묻어달라는 엄마의 유언은 충실히 따랐다가 무덤이 떠내려가고 만다. 구슬프게 운다. 개굴개굴. 뼈저리게 느낀다. 아, 엄마가 하라는 대로 했어야 했는데. 이 이야기의 교훈은? 부모님 말씀을 잘 듣자.

여기서 [부모님]을 [선생님, 직상상사, 선배, 배우자, 애인]으로 바꿔보자. 전혀 어색하지 않다. 시키는 대로, 하라는 대로 해라. 집단주의, 특히 수직적 집단주의는 순종을 중시 여긴다. 모난 돌은 정을 맞다 못해 가루가 된다. 청개구리로 살지 마라. 아주 혼나는 수가 있다.

그런데 청개구리 우화를 다르게 바라보니 이런 생각이 든다. 청개구리가 부족한 건 순종이 아니라 일관성이다. 계속 반대로 행동했다면 무덤은 무사했을 텐데. 양지바른 곳에 잘 모셔드렸겠지. 마지막에 가서 청개구리는 나다움을 포기했고, 결과는 처참했다. 불쌍한 청개구리. 왜 그랬니.

난 뱃속에 청개구리 한 마리를 키운다. 누군가 찍어 누를 때마다 천천히 올라온다. 모두가 맞다 맞다 하면서 박수를 칠 때도 기어 나온다. 왜? 왜 그래야 하지? 하지만 왜라는 질문은 대개 허락받지 못한다. 조직 분위기라는 게 있고, 위계질서라는 게 있고, 정답이라는 게 있으니까.

계속 기어오르던 청개구리가 입 밖으로 튀어나온다면? 온 세상이 뒤집어진다. 하찮은 나의 존재가 모두의 주목을 받는 순간이다. 피라미드처럼 잘 짜인 조직이라면 내리 갈굼의 향연이 펼쳐진다. '평소 관리를 어떻게 했길래 저런 말이 나옵니까?' 집단의 목소리로 한 사람을 누르는 건 일도 아니다. 가족이나 친구처럼 비교적 평등한 사이라도.

미친 척하고 반항하면 어떨까? 약간의 통쾌함은 있지만 후폭풍이 너무 크다. 세상은 도른자에겐 몽둥이를 아끼지 않는다. 왜 그랬냐며 추궁당하는 건 기본이다. '왜'라는 단어가 가진 부정적인 뉘앙스. 이래서 허락받지 못했구나 싶다.

결국 청개구리를 안전하게 방목할 들판을 찾아야 한다. 내가 나다울 수 있는 공간. 얄궂지만 그런 시도조차 보통 저지당한다. 청개구리 금지법이라도 제정된 걸까. 퇴사, 나를 찾아 떠나는 세계여행, 창업, 프리랜서 선언, 자퇴 등 제도권 밖의 인생은 제대로 인정받지 못한다.

그렇게 갖은 반대에 부딪히면 확신한다. 아, 이 길이구나. 좋고 나쁘고는 결과에 달려있다. 반면 옳고 그름은 과정에 달렸다. 결과를 알 수 없다면 과정이라도 나답게 꾸려보는 건 어떨까? 아무도 막아서지 않는 길에는 '내'가 없다. 조금이라도 나를 내세운다면? 금방 통행금지 표지판을 마주하게 된다.

나다움은 쟁취해야 하는 그 무언가다. 때로는 싸가지가 없어야 한다. 이빨을 드러내며 나지막이 으르렁거려야 한다. 모든 걸 남에게 맞추면 나를 잃어버린다. 나다움에도 연습과 준비가 필요하다.

왜 그렇게 청개구리처럼 말을 안 듣냐고 하면 묘하게 반갑다. 잘 살고 있구나 싶어서. 퇴사는 절대 하지 말라구요? 말해줘서 고맙습니다.

퇴사하면 낮잠을 실컷 자고 싶다

소설 〈삼미 슈퍼스타즈의 마지막 팬클럽〉에는 퇴직 후 집에서 시간을 보내는 주인공이 등장한다. 그전까지는 몰랐지만 이제 '치약의 통통한 부분'같은 자유시간이 넘쳐난다. 평일에 공원을 가거나 늦잠을 자도 아무도 뭐라 하지 않는다. 그는 자유로운 시간을 한껏 만끽한다.

퇴사 이후의 삶을 상상한다. 정확히는 내가 맞이할 시간을 상상한다. 퇴근만을 손꼽아 기다릴 이유도, 출근에 괴로워할 이유도 없다. 지긋지긋한 월요일도 다른 날과 비슷해진다. 주말이라고 특별하진 않다. 모든 시간은 그저 있는 그대로 내 앞에 놓인다. 사실은 이게 시간의 자연스러운 모습이다.

인간은 무한한 시간의 지표면을 그 자체로 받아들일 수 없다. 유한한 존재는 무한을 품을 수 없기 때문이다. 그래서 1년, 1달, 1주일 하는 식으로 시간을 잘게 쪼갠다. 그리고 그 쪼개진 조각마다 이름을 붙인다. 이름이 붙은 시간에는 규칙이 주어진다. 시계가 없던 시절, 닭이 울면 잠자리에서 일어나야 했다. 규칙은 모두의 삶을, 그리고 시간을 규정한다.

이런 모습이 나타나는 가장 대표적인 공간이 학교와 직장이다. 등하교, 출퇴근 시간이 정해져 있고 그 안에서의 일정도 촘촘하게 짜여있다. 학교나 회사의 시간에는 울타리가 쳐져있다. 학교는 수업시간으로, 회사는 근무시간으로 울타리를 만들어낸다.

갑갑하지만 한편으로는 편하다. 어떻게 시간을 보낼지 누군가 정해주기 때문이다. 모든 시간이 잘 정리된 채로 앞에 놓인다. 지칠 순 있어도 길을 잃지는 않는다. 퇴근 후에는 휴일이, 평일 끝에는 주말이 기다리고 있다. 그렇게 다음 시간을 견뎌낼 힘을 얻는다.

휴일에 한없이 누워 있다보면 그런 생각이 든다. 퇴사를 하면 이런 날이 계속될 텐데, 정말 괜찮은 걸까? 어떤 형태로든 시간을 보낼 방법이 있어야 하지 않을까? 회사라는 거대한 조각을 들어낸 자리엔 빈 공간이 남는다. 그 공간에 대한 책임이 주어진다. 좋으면서도 두렵다.

아이러니하다. 자유를 얻기 위해 퇴사를 결심했는데, 막상 그 자유 앞에서 주춤하다니. 당연한지도 모르겠다. 평생을 어딘가에 소속되어 살아왔다. 가족, 학교, 군대, 직장 등. 집단은 구성원의 시간을 규율하면서 동시에 책임진다. 이제 난 나에게 소속되어야 한다. 하루 이틀도 아니고 꽤 긴 시간 동안.

새로운 규칙이 필요하다. 규칙 없는 삶은 견디기 어려우니까. 거대하게 밀려오는 시간의 파도에 압도당하지 않으려면 꼭 필요한 과정이다. 그 규칙을 스스로 정한다는 차이가 있을 뿐이다. 몸과 마음의 흐름에 맞는 시간.

정신없는 아침엔 운동으로 몸을 깨우고, 능률이 나지 않는 오후에는 휴식을 취한다. 가장 머리가 잘 돌아가는 오전, 저녁 시간엔 일을 하고 책을 본다. 꼭 평일에만 일하라는 법은 없다. 오히려 사람이 없는 평일에 놀러 다니고, 주말에는 집에서 일을 마무리해도 좋다.

누구와 시간을 보낼지 마음껏 택할 수도 있다. 관계는 시간의 질과 밀접하게 연관되어 있다. 일이 힘든 게 아니라 사람이 힘들다는 말은 이를 방증한다. 혼자 있고 싶으면 홀로, 친구와 있고 싶으면 같이 시간을 보낸다. 적어도 억지로 부대껴야 하는 관계는 많이 사라진다. 평소에 사람을 많이 가리는지라 더 없이 좋다.

회사 밖에 뭐가 있길래

조금 구태의연해진 감은 있지만 퇴사는 여전히 큰 도전이다. 단순히 회사 울타리 밖으로 나가는 것 이상의 도전. 정해진 길이 아니라 나만의 길을 걷겠다는 선언이기도 하다. 두렵고 불안하다. 미지의 영역이니까. 정해진 길이 쉽다는 말이 아니다. 오히려 더 힘들다. 그 위에서는 모두가 앞만 보고 달린다. 조금이라도 뒤쳐지면 안 된다.

대학에 들어갔으면 취업을 해야 하고, 취업을 하고 나면 결혼을 준비해야 한다. 집도 마련해야 하고 출산과 더불어 가정을 꾸려야 한다. 어떻게 보면 단순하다. 하지만 각 단계마다 죽을힘을 다해야 한다. 상어는 수영을 멈추면 죽는다. 상어처럼 살아야 한다. 멈추지 않고 계속 헤엄치기. 그게 이 길에서의 삶이다.

회사를 박차고 나오면 모든 게 해결될까? 그렇지는 않다. '나만의 길'은 한편으로 길이 없다는 걸 의미한다. 스스로 헤치고 나가야 한다. 누군가의 발자취를 따라갈 수도 있고, 도움을 받을 수도 있다. 하지만 이 길이 맞는지 일러주는 이는 아무도 없다. 오로지 자신이 부여하는 의미만이 힌트를 넌지시 건넨다. 누군가는 행복을, 누군가는 성취감을, 누군가는 충만함을 길잡이 삼아 나아간다. 그 과정에서 끊임없이 자신을 의심하고 또 믿게 된다.

회사 생활 3년 차, 짧지도 길지도 않은 이 시점에 퇴사를 결심한 건 대단한 확신이 있어서가 아니다. 그저 궁금하다. 회사 밖에 대체 뭐가 있길래 이토록 설왕설래가 오가는 걸까. 어떤 이는 절대 나오지 말라고 하고, 다른 이는 당장 회사를 때려치우고 자신의 일을 하라고 한다. 저마다 자신의 경험과 기준에서 말한다. 음식의 맛을 알려면 직접 먹어보는 수밖에 없다. 명백히 잘못된 길이 아니라면 몸으로 겪고 나서 판단하고 싶다.

얼마 전 결혼한 친척을 앞에 두고 이제 언제 아이를 낳느냐는 말이 오간다. 아무리 내달려도 항상 다음 단계가 있다. 모든 과업을 완벽하게 해낸다면 모를까. 그런 이가 얼마나 되겠는가. 적어도 난 아니다.

남들보다 조금 먼저 상자를 열어보자. 무엇이 들어있을지는 아무도 모른다. 최소한 내 손으로 뭔가를 이뤘다는 작은 성취감이라도 있지 않을까. 판도라의 상자도 아니고 세상이 무너지거나 인생이 끝나는 것도 아니다. 그렇게 상자 안을 들여다보고 말해주고 싶다. 이런 세상도 있더라고.

하지만 억지로 다른 이의 손을 잡아 끌고 싶지는 않다. 그럴 능력도 권리도 없다. 내가 오롯이 책임질 수 있는 건 오직 나 자신뿐이다. 섣불리 조언하거나 충고하지 않으려고 한다. 물어보면 대답해주고, 주저하면 등을 살짝 밀어줄 수는 있다. 자신의 인생을 살게끔 열심히 응원하면서. 그나저나 회사 밖엔 정말 뭐가 있을까? 하루하루 날짜를 지워가며 기다리고 있다. 얼마 남지 않았다.

퇴사 안 하고 뭐하려고?

아버지가 퇴직하던 날, 집안 공기는 다소 무겁게 가라앉았다. 약 30년 간 아버지는 항상 회사원이었다. 내가 태어났을 때부터 계속. 더 이상은 아니었다. 흔히 말하는 인생 2막이 시작되었다. 예고도 준비도 없이. 연금을 수령하려면 아직 몇 년이 더 남았다. 사실 당장의 돈 문제보다는 불안한 마음이 더 크지 않았을까. 공부도 일도 하지 않고 집에서 쉬는 모습. 나에게도 아버지에게도 낯선 모습이다.

퇴직 기념으로 온 가족이 산티아고 순례길을 한 달간 걷다 왔다. 여행 자체는 정말 좋았지만 그와는 별개로 마음은 복잡하다. 사실 도보여행이 인생의 답을 일러주진 않는다. 단순한 시간에 맞춰 살아갈 수 있을 뿐이다. 그저 걷고 쉬고 먹고 잔다. 근본적인 문제는 여전히 잊히지 않고 마음 한구석에 남는다.

그때 알았다. 모든 것엔 끝이 있고, 그 끝엔 또 시작이 있다는 걸. 애초에 끝도 시작도 그 경계가 모호하다. 삶은 그 자체로 계속 이어진다. 영원할 것 같던 회사 생활도 언젠간 끝이 난다. 그리고 더 잔인한 건 그 뒤로 일상이 계속된다는 점이다. 지구는 돌고 아침은 어김없이 찾아온다.

퇴사를 하겠다고 하면 보통 '퇴사하고 뭐하려고?'라는 질문이 날아온다. 퇴사는 그저 과정에 불과하다. 인생에서 내릴 수많은 선택 중 하나. 회사에 남든, 회사를 나가든 그건 자신의 선택이다. 다만 아버지의 퇴직을 보며 느낀 건 모든 선택에 유효기간이 있다는 거다. 자의든 타의든 선택은 언젠가 그 효력을 다한다. 설령 공무원으로 일하다 은퇴하여 연금을 받는 생활을 하더라도 인생은 선택을 요구한다. 그래서 이제 뭐하려고?

대학만 붙으면, 공무원 시험만 합격하면, 회사에서 버티면, 인생이 끝나는 것처럼 말한다. 하지만 그건 거짓말이다. 그 거짓말을 받아들이는 이유는 크게 두 가지다. 그래야만 지금의 힘든 시간을 버틸 수 있으니까. 그리고 당장은 다른 대안이 없으니까.

그래서 아무도 '퇴사 안 하고 회사를 다닌다고? 그럼 뭐하려고?'식의 질문은 던지지 않는다. 이게 최선이라고 스스로를 위로해야 일상을 영위할 수 있다. 모든 건 언젠가는 끝난다는 통찰은 때때로 한없이 큰 무력감과 불안함을 안긴다. 다른 선택지가 없다면 말이다.

아버지는 귀농을 선택했다. 지인을 통해 농산물을 판매했고, 수익이 났다. 우여곡절이 많았지만 이대로 생활이 이어지리라 생각했다.

하지만 아버지의 건강이 악화되었다. 무리해서 농사일을 하다 보니 몸이 축났다. 지금은 나아졌지만 예전처럼 거뜬히 농사를 지을 정도는 아니다. 삶은 항상 예기치 못한 순간에 존재감을 드러낸다. 모든 게 영원할 것처럼 착각하게 만들어놓고.

퇴사를 하든 안 하든 시간은 흐르고 상황은 변한다. 세상에 영원한 건 없다. 영원한 게 있다면 '영원한 건 없다'는 그 사실 하나가 아닐까. 멈춰있다고 생각하지만 실은 발 밑에서 수많은 변화가 일어난다. 하다못해 거대한 대륙도 매년 조금씩 이동한다. 계속 이어지는 일상 속에서 퇴사란 조그만 일탈에 불과하다. 다음 일상을 위한.

지옥철로 출퇴근하는 삶

입사하고 얼마 되지 않아 회사 앞으로 집을 옮겼다. 일주일 정도 지옥철로 출퇴근을 해보니 이건 좀 아니다 싶었다. 가뜩이나 회사 생활에 적응하느라 힘든데 더 고통받고 싶지 않았다. 또 회사에 많은 시간을 빼앗기고 싶지 않았다. 다행히 금방 빈방을 구할 수 있었다.

가끔 약속이 있을 때면 지하철을 타고 간다. 친구도 직장인인지라 퇴근시간에 맞춰 지옥철을 타게 된다. 놀러 가는 길인데도 금방 지쳤다. 몸을 맞대고 있는 다른 이들도 마찬가지 심정이겠지. 답답함을 꾹 누르다가 문이 열리면 그제야 숨을 돌린다. 그리고 환승통로나 출구를 찾아 돌진한다.

그 흐름을 보고 있자면 질서 정연한 생산기계가 떠오른다. 컨베이어 벨트를 따라 사람이 옮겨지고 제 자리를 찾아 들어간다. 회사를 굴리기 위해 돌고 돈다. 에스컬레이터는 다리 아픈 이를 위한 배려이면서, 더 빠르게 움직이라는 지시이기도 하다. 보기만 해도 숨이 찬다.

평소에는 느릿느릿 걷다가도 유독 이 거대한 지하공간에서는 마음이 급해진다. 자의 반 타의 반으로 거의 뛰듯이 다음 목적지를 향해 돌진한다. 앞에서 조금만 걸리적거리면 짜증이 난다. 뒤에서 누가 재촉하면 화가 난다. 미국의 코미디언 조지 칼

린은 이런 말을 했다. "고속도로에서 앞차가 느리게 가면 답답하고, 빠르게 가면 미친놈이다." 딱 그 경우다.

비단 지옥철만의 문제는 아니다. 사무실에서도 내 마음은 한없이 좁아진다. 위에서 하도 닦달을 하니 조급해지고 조금만 일이 틀어져도 평정심을 잃는다. 퇴근하고 나서도 마찬가지다.

이런 생각이 든다. 이게 나를 대하는 온당한 방식일까? 적어도 이런 환경에 문제의식을 가지고 있다면 말이다. 한 회사 동료분은 메신저 알람만 떠도 심장이 떨린다고 한다. 견디지 못하면 회사 밖으로 나간다. 그 빈자리는 금세 다른 사람으로 채워진다. 그렇게 모든 게 돌고 돈다.

누구나 그렇게 사는 거라고, 너만 그런 게 아니라고 말할 순 있겠다. 삶은 고통이고 저마다 매일을 버티며 살아낸다. 그 사실을 안다고 해서 힘듦이 덜어지는 건 아니다. 계속 그렇게 살아야 하는 건 더더욱 아니다. 나라도 나를 챙겨야 한다.

상상력이 없으면 삶이 비참해진다. 등 뒤에 커다란 가시가 박혀있어도 빼낼 생각을 하지 못한다. 절뚝거리고 비틀거리면서 원래 인생이 이런 거라고 되뇔 뿐이다. 현실에 발을 붙이더라도 생각은 그 너머에 닿아 있어야 한다.

사람은 누구나 자신이 경험한 세상을 기반으로 살아간다. 그 자체가 나쁜 건 아니다. 우물 안 개구리로 살면 어떤가. 그 안에서 의미와 행복을 찾을 수 있다면 충분히 좋은 삶이다. 다만 현실이 괴롭다면 담장 너머의 세상에도 눈을 돌려야 한다.

혼자 잘 먹고 잘살기 위함이 아니다. 내면이 한없이 좁으면 다른 이를 품을 수 없다. 타인에 대한 공감은 결국 믿음과 상상의 영역이기 때문이다. 다른 사람이 어떤 감정을 느끼는지, 어떤 생각을 하는지 정확히 알 수 없다. 그저 상상할 뿐이다. 믿음과 상상력이 한정되어 있으면 독선으로 흐르기 쉽다. 내 상식으로는 이해할 수도, 수용할 수도 없으니까.

"회사를 안 다니면 뭐하려고? 할거 없잖아." 이런 말을 들으면 말문이 막힌다. 반박을 할 수 없어서가 아니라 어디서부터 이야기를 해야 할지 감이 잡히지 않아서. 방법은 둘 중 하나다. 처음부터 하나하나 설명하거나, 추상적인 대답을 하거나.

필요하다면 정성을 들여 공감대를 쌓는다. 그럴 필요가 없다면? 침묵하거나 얼버무린다. 관계에 쓸 수 있는 에너지도, 시간도 한정되어 있으니까.

나를 돌봐야 할 사람으로 생각하기. 그게 나를 대하는 온전한 방식이다. 남에게 피해만 주지 않는다면 말이다. 관성에 젖어 자신을 챙기지 못하면 반드시 티가 난다. 몸과 마음이 비명을 지른다. 억지로 버티면 쓰러진다.

몸과 마음의 신호를 예민하게 받아들여야 한다. 나를 해치면서까지 지켜야 할 게 있을까? 아무 관심도 없던 사람들이 '이젠 나를 챙기겠어'라고 하면 득달같이 달려든다. 왜 너만 생각하냐고, 우선은 참고 인내하라고, 다 그렇게 사는 거라고. 거기서 고개를 끄덕이면 '나'는 한참 뒤로 밀린다. 그리고 똑같은 일상이 반복된다.

세상은 고분고분한 사람도 존중해줄 만큼 너그럽지 않다. 안타깝게도 그렇다. 난 내가 온전히 받아들여질 수 없다면 떠난다. 날을 세울 수 없다면, 날을 세울 필요가 없는 곳으로 가자. 그곳에서는 제발 나답게 살아보자.

어떻게 싫어하는 일만 하면서 살겠니

사막만큼 건조할게 분명한 사무실에 앉아 일을 한다. 물병은 이미 바닥을 드러낸 지 오래다. 하도 모니터를 들여다봤더니 눈이 뻑뻑하다. 글자가 두 갈래로 갈라져 보인다. 미간을 찌푸리고 자판을 두드린다. 사방에서 메일이 날아온다. 그리고 그 메일의 개수만큼 상사의 피드백이 달린다. 이건 이래서 문제고, 저건 저래서 문제다. 고민할 시간이 없다. 수시로 쏟아지는 업무에 숨이 찬다. 바람이나 쐬러 옥상에 올라간다. 맑은 하늘 아래 뿌연 담배연기가 반긴다. 안타깝게도 비흡연자라 금방 내려오고 만다. 화장실에서 괜히 손만 오래 씻다가 다시 사무실로 들어간다. 어딘가에서 전화 벨소리가 울린다. 내 머릿속도 함께 울린다. 그렇게 영혼을 한껏 산화하고 나면 퇴근할 시간이다. 뒤도 돌아보지 않고 가방을 집어 든다. 한시라도 이곳에서 빨리 탈출하고 싶다. 거의 영화 〈유주얼 서스펙트〉의 범인처럼 절뚝거리던 다리가 바르게 펴진다. 뚜벅뚜벅 달리다시피 걸어간다. 회사 건물을 박차고 나오고서야 몸과 마음이 트인다. 내일 다시 출근해야 한다는 사실은 잠시 잊기로 한다. 이런 하루를 3년 정도 반복하면 이제 퇴사를 꿈꾸는 새나라의 직장인이 된다.

누군가는 그런 말을 한다. 어떻게 좋아하는 일만 하면서 살겠냐고. 역으로 되묻고 싶다. "그럼 싫어하는 일만 하면서 어떻게 살까요?" 물론 회사 생활에도 소소한 재미와 행복은 있다. 하다못해 군대 훈련소에서도 그런 순간은 있다. 문제는 비율이다. 싫어하는 일 한 무더기에 체리를 하나 올린다고 해서 행복할 수 있을까?

학창 시절에도, 군대 시절에도, 그리고 회사를 다니는 지금도 싫어하는 일을 묵묵히 견디는 법을 배운다. 사실 견딘다기보다는 그냥 내려놓고 관성으로 지낸다. 특별히 의지력이 강한 게 아니다. 어차피 피할 수 없는 순간이다.

하지만 드디어 의지대로 그만둘 수 있는 순간이 찾아왔다. 이 순간이 날 괴롭게 만들 뿐이라면, 우리 사이엔 이별이 필요하다. 단순히 힘들어서가 아니다. 힘들었다면 오히려 버텼을 거다. 괴로움과 힘듦은 다르기 때문이다. 힘듦은 성장의 촉매제이자 내가 가치 있다는 증거다. 하는 일이 힘들지 않다면 그 자리에 있을 이유가 없다. 다른 누구라도 할 수 있는 일이니까. 괴로움은 다른 영역의 문제다. 버틸 필요가 없다. 자신을 갉아먹기 때문이다. 힘들면 버티고, 괴로우면 나가야 한다.

지금 난 괴로운 걸까, 아니면 힘든 걸까? 그 둘을 어떻게 구분할 수 있을까? 오래간만에 헬스장에 가서 잔뜩 조져지고 왔다. 근성장에 진심인 회사동기 덕분이다. 힘들다. 정말 힘들다. 하지만 덕분에 조금 더 나은 사람이 되었다. 물론 내일이 되면 온갖 근육통에 시달리겠지만 최소한 괴롭지는 않다.

괴로움은 아무런 보상 없이 사람을 소모시킨다. 회사에서는 월급을 받지 않느냐고 반문할 수 있다. 문제는 월급이 괴로움의 대가가 아니라는데 있다. 월급은 엄연히 노동의 대가다. 괴로움은 거기에 사족처럼 붙는 거머리다. 가스 라이팅 하는 상사, 열악한 근무환경, 욕설이나 갈굼은 그저 덤일 뿐이다.

누군가는 그렇게 말한다. 월급 안에 욕먹고 갈굼 당하는 비용도 들어있는 거라고. (실제로 들은 말이다) 굳이 근로계약서를 들추지 않더라도 말도 안 되는 소리다. 그럼 좋은 근무환경에서 일하는 사람은 월급을 반납해야 하나?

사람은 다년간의 경험을 토대로 무엇을 좋아하는지 알아간다. 무엇을 싫어하는지도. 쨍하게 내려쬐는 형광등보다 은은

한 전구 불빛이 좋다. 삭막한 시멘트 건물보다 자연의 내음이 좋다. 옆에 바짝 붙어 닦달하는 업무환경보다 여유를 두고 깊게 생각하는 게 좋다. 속박보다는 자유가, 위계보다는 존중이 좋다.

이상적인 일의 형태가 조금씩 움튼다. 퇴사는 그 과정에서 잠시 겪는 에피소드다. 최소한 싫어하는 일만 하면서 살지 않으려고 치는 발버둥이다. 분명 힘들겠지만 알고있다. 조금씩 나아질 거라는 걸. 긴 시간이 흐르고 뒤를 돌아봤을 때 이만큼이나 왔다며 놀랄 거라는 걸.

나는 하나로 살기로 했다

"나다운 게 뭔데?" 드라마에서 이 대사만 들어도 앞뒤 장면이 그려진다. 남에게 휘둘리며 살아온 주인공. 어떤 사건을 계기로 자기 자신대로 살기로 한다. '평소 너답지 않게 왜 그래?'라는 질문이 날아오고 주인공은 울컥하며 반문한다. 나다운 게 뭐냐고. 그 나다움을 찾기 위해 차를 몰고 해변으로 간다. 철썩거리는 파도소리를 들으며 문득 어린 시절을 회상한다. 다른 사람이 아닌 자신의 인생을 살았던 유일한 시간.

나답다는 건 뭘까? '나'는 수많은 경험과 욕망과 감정의 덩어리다. 사람은 잘 변하지 않는다고 하지만 사실 그렇지 않다. 오히려 너무 자주 변해서 탈이다. 나다움이란 언뜻 보기에 일관성을 내포한다. '나'라는 단일한 실체가 있고 그 실체의 특성을 나열한 게 나다움이라면 말이다. 하지만 그런 의미에서의 나다움은 수시로 변화한다. 상황에 따라, 감정에 따라 달라진다. 회사에서나 가정에서나 친구 사이에서나 똑같이 살아가는 사람이 있다면 정상적인 삶을 영위하기 어렵다.

이런 관점에서의 '나'는 통합된 실체라기보단 파편화된 조각에 가깝다. 회사에서의 나, 가정에서의 나, 혼자 있을 때의 나는 각기 다른 모습을 띤다. 살아남아야 하니까. 사회와 조직이라는 거대한 세상에서. 새로운 규칙과 관계 아래에 놓일 때 사람은 자기 분열을 시작한다. 그리고 대개 둘 중 하나의 과정을 거친다. 그 수많은 페르소나를 수용하거나, 부정하거나.

이런 모습이 나타나는 가장 대표적인 공간이 회사 아닐까. 회사원은 조직의 논리 아래 다른 사람이 되도록 강요받는다. 조직의 통과의례이자 규범이다. 물론 그런 상황에서도 끈질기게 나다움을 유지하는 이는 있기 마련이다. 운 좋게 그런 사람이 부드럽게 받아들여지는 곳이라면 몰라도 대개는 정을 맞는다. 그것도 아주 세게.

조직에 적응하는 과정은 단순히 규칙을 따르는데서 그치지 않는다. 주체적인 인간으로서 가졌던 상식을 버리고 '조직의 논리'를 받아들여야 한다. '왜'라는 단어가 목구멍으로 나와도 삼켜야 한다. 감히 질문을 할 수 있는 위치에 오른 게 아니라면 말이다. 사실 조직 안에서 자아가 분열되는 건 위계질서의 몫이 크다. 상식이나 규칙조차도 위계 앞에서는 다르게 적용된다. 위로 올라갈수록 규범은 선택사항이 된다. 그 규범을 규율하는 주체가 자기 자신이기 때문이다.

집에서는 당당하다가 상사 앞에서는 왜 그렇게 쪼그라들까. 속에선 천불이 나지만 앞에서는 고개를 숙이기 바쁘다. 그나마 비굴해 보이지 않으려고 노력하는 게 최선이다. '죄송합니다. 처리하겠습니다. 조치하겠습니다. 수정하겠습니다. 다시는 이런 일이 발생하지 않도록 하겠습니다.' 내 생각이, 나다움이 사라져 간다. 자신을 한번 꺾을 때마다 하나씩.

물론 조직에서의 자신을 부정할 필요는 없다. 아니, 애초에 부정해서는 안된다. 그 또한 나의 모습이고 내 인생이다. 동시에 계속 그렇게 살 이유도 없다. 내면의 모순이 차곡차곡 쌓여 나를 해칠 정도로 날카로워졌다면 말이다. 나를 누르고 조직을 세우는 삶을 살고 싶다면 그렇게 살면 된다. 원하지 않는다면 내면의 소리를 잘 받아 적어야 한다.

내가 그리는 자유란 여기저기 흩어진 자아가 한 점으로 통합되는 이미지다. 어떤 가면도, 가식도 필요 없다. 있는 그대로 살아도 아무런 피해를 받지 않는다. 그런 삶을 쟁취하는 방법은 크게 세 가지가 있다. 조직의 맨꼭대기로 올라가거나, 미친

척하고 살거나, 내가 나일 수 있는 공간으로 가거나. 이 중 세 번째, 나다움을 보일 수 있는 공간은 '고요함'이다. 고요함은 조용함과는 다르다. 조용함이 물리적으로 소리가 없는 상태라면, 고요함은 불필요한 제약이 없는 상태다.

  자연이 좋다. 자연은 무엇이 되라고, 어떤 행동을 하지 말라고 말하지 않는다. 그저 내버려 둔다. 무심하면서도 편안하다. 그 어느 집단이나 조직에서도 느끼지 못했던 '받아들여짐'을 느낀다. 받아들여진다는 감각은 나다움을 유지하는데 필수적이다. 적대적인 환경에서는 자아를 쉽사리 내보일 수 없다. 주변에 두꺼운 페르소나를 둘러 쓴다. 인간의 당연한 방어기제다.

  끊임없이 공격을 받는 상황에서는 한없이 움츠러든다. 제 목소리를 내지 못하고 조직에 순응한다. 그렇게 짖는 법도 잊은 강아지처럼 낑낑거린다. 이게 맞는 걸까? 난 나답게 살고 있나? 회사에서의 나를 부정하며 살아가는데 전체 인생은 긍정할 수 있을까? 자신이 없다. 긍정하기에도 부정하기에도 내 모습은 꽤나 초라했다. 회사에서는 말이다.

  내가 받아들여질 수 있는 고요한 공간. 그런 공간은 회사에 없다. 단순히 일이 많고 적고, 상사가 좋고 나쁘고의 문제가 아니다. 유목민처럼 떠날 시간이 다가온다. 더 나은 환경으로, 더 자연스러울 수 있는 장소로. 조직에서 버틸 인내심도, 마이웨이로 살 깡도 없는 난 그렇게 퇴사를 결심했다.

K-직장인은 쉴 수 있을까

회사를 다니며 가장 좋은 순간은 출근하지 않는 휴일이나 주말이다. 사실 쉬는 날이라고 해서 특별하진 않다. 평소에 밀린 집안일을 끝내고 낮잠을 한숨 자다가 책을 보는 식이다. 그렇게 일할 힘을 비축한다. 겨우겨우 살만한 체력을 만들어놓고 다시 회사에서 쏟아내고 만다. 지친 몸을 이끌고 집으로 돌아온다. 이런 생활이 반복된다.

가끔은 내가 걸어 다니는 보조배터리 같다는 생각을 한다. 방전될 때쯤 회사에서 풀어준다. 집에 가서 배터리를 충전한다. 월요일을 맞이하기 싫어 버둥거리다가 결국 다시 출근길에 오른다. 주 5일 근무, 주 2일 휴식. 다시 주 5일 근무, 주 2일 휴식. 퇴직하기 전까진 계속 반복되는 삶이다.

주 2일의 휴식이라도 온전히 누린다면 모르겠다. 그 짧은 시간에 자기 계발과 각종 취미활동, 모임, 이직 준비까지 끼워 넣어야 한다. 출근해서도 열심히, 퇴근해서도 열심히 살아야 한다. 아무것도 안 하고 뒹굴거리고 있으면 죄책감마저 든다. 그렇게 불안해하면서 쉬거나, 또는 불안함 때문에 다른 일을 한다.

사실 한국 사회에서 쉰다는 건 거의 죄악시된다. 근면성실을 강조하는 사회적 분위기와 경쟁적인 문화가 결합된 탓이다. 덕분에 눈부신 경제발전을 이룩했지만 피로감도 엄청나다. 육체적으로나 정신적으로나 쉬는 법을 잊었으니까. 더 이상 몸을 가눌 수가 없을 정도로 지쳐 쓰러지는 게 아니라면 K직장인은 쉬지 않는다. 쉬지 못한다. 출처모를 불안감이 개개인을 얽매기 때문이다.

'힐링'이라는 단어가 한때 이 사회를 관통한 이유도 여기에 있다. 힐링하지 못하는 사회는 힐링 담론을 생산한다. 이렇게 해야 행복하다, 이렇게 해야 잘 쉴 수 있다며 끊임없이 쏟아지는 마케팅 문구에 더 지친다. 힐링 열풍은 이 사회가 어딘가 병들어있다는 사실을 반증한다. 생산성에 대한 강박이나 조급증이 그렇다.

한국인은 학교에서도 쉬는 법을 배우지 못한다. 대신 열심히 자기 자신을 채찍질하는 법을 배운다. 휴식은 목표를 위한 페이스 조절의 일환일 뿐이다. 대학에만 입학하면 인생을 맘껏 누릴 수 있다는 거짓말을 들어가면서. 사실 모두가 알고 있다. 대학에 들어가도 취업이라는 목표를 위해 모두가 내달려야 한다는 걸. 그리고 다른 대안을 그 누구도 섣불리 제시하지 못한다는 걸. 설령 취업을 해도 또 뛰어야 한다.

휴식은 그렇게 항상 뒷전으로 밀려난다. 배가 아파도 묵묵히 밭을 갈았던 바보 이반처럼 계속 일해야 한다. '쉬는 건 죽어서 실컷 할 수 있다'는 섬뜩한 말도 들려온다. 그럼 대체 언제 쉴 수 있는 걸까? 사실 이 질문에는 맹점이 있다. 중요한 건 언제 쉬느냐가 아니다. 어떻게 쉬느냐다.

이걸 깨닫기까지 오랜 시간이 걸렸다. 군대처럼 강제적인 환경이 아니라면 의지에 따라 얼마든지 멈출 수 있다. 휴직 제도를 활용하든, 퇴사를 하든 말이다. 쉬고 싶다면 방법은 얼마든지 있다. 사실 쉰다는 사실 자체보다 더 두려운 건 쉬는 동안 뭘 해야 할지 모른다는 거다. 참 역설적이다. 무언가를 하지 않으려고 쉬는 건데, 여전히 어떻게 쉴지 고민하다니. 그냥 모든 걸 내려놓고 낮잠만 자거나 천장만 바라보고 있기도 좀 그렇다. 그것도 하루 이틀이지 좀이 쑤신다.

코로나 시국을 맞이하며 고민은 더 깊어져 간다. 바깥활동을 자주 하지 않는 나조차 답답할 지경이다. 어떻게든 안전한 집구석에서 시간을 보내야 하는데 어디서부터 시작해야 할지 감이 잡히질 않는다. 쉼과 일의 의미에 대해서도 생각하게 되었다. 쉼은 일을 위해 존재하는 걸까? 아니면 그 자체로 의미가 있는 걸까?

쉼 역시 삶의 한 조각이다. 그 시간은 너무나도 소중하다. 흘려보내든 알차게 보내든 쉬는 시간은 에너지를 주고 활력을 준다. 뭔가를 받아들이고 소화시키는 순간이기도 하다. 받는 양보다 주는 양이 많으면 사람은 금세 고갈된다.

난 몸과 마음의 에너지가 적은 편이라 항상 주의를 기울인다. 무리를 하지 않으려고 애쓴다. 그게 일이든 음식이든 술이든 관계든 뭐든 간에. 대신 꾸준히 달릴 수 있게끔 조절한다. 시작하면 끝날 때까지 멈추지 않으려 한다. 특별히 대단해서가 아니다. 그렇게라도 해야 앞으로 걸어갈 수 있다.

휴식은 반드시 필요하다. 사람마다 쓸 수 있는 에너지가 다르니까. '뭐 그 정도 가지고 지치냐'는 핀잔만큼 무신경한 말도 없다. 꼭 중병을 겪어내야만 쉴 수 있는 건 아니다. 허락받을 이유도 없다. 머릿속에서 비상벨이 울리면 우선 멈춰야 한다. 힘들면 눈치 보지 말고 나부터 챙기자.

'퇴사하기 좋은 날'은 오지 않아

난 망설임이 많다. 고를 때도 한참을 고민한다. 그러다 귀찮음이 주저함보다 커지면 그냥 한쪽을 집어 든다. 다른 길에는 항상 미련이 남는다. 일종의 기회비용이다. 그렇게 주저하기만 하다 선택을 못한다면? 그 또한 선택이다. 그리고 결과를 온몸으로 맞이한다.

퇴사는 수많은 가능성의 바다에 몸을 던지는 작업이다. 그 바닷속에는 온갖 선택지가 실타래처럼 끝없이 얽혀있다. 그중 무엇을 잡을지는 아무도 모른다. 바다에 뛰어들지 않아도 마찬가지다. 선택하지 않는 것도 선택이다. 회사는 불확실한 세상 위에 쳐둔 가상의 울타리다. 울타리 안에 있다고 해서 무조건 안전하지는 않다. 늑대 정도는 막아주겠지만 비바람이나 담을 타 넘는 도둑에게서 지켜주진 않는다.

울타리 바깥이 꼭 위험하다고 말하기도 어렵다. 애초에 위험성과 불확실성은 확률의 문제다. '대체로' 안전한 길과 '대체로' 위험한 길이 있을 뿐이다. 확실함을 만드는 건 선택이다. 결과를 알 수 있는 유일한 방법이다. 해보기 전까진 알 수 없다.

퇴사를 한 달 정도 앞둔 지금, 회사의 좋은 점과 안 좋은 점이 더 선명해진다. 이미 결정을 내린 상황인데도 여전히 머릿속은 분주하다. 어쩌면 미련일지도 모르겠다. 그래도 여기가 이런 건 좋은데, 그래도 저 사람은 괜찮은데. 동시에 여길 떠나야 할 이유도 가슴에 새기게 된다. 쉬고 싶다, 내 일을 하고 싶다, 독립하고 싶다는 욕망에 두근거린다.

인간은 긍정적인 신호보다 부정적인 신호에 7배 더 예민하게 반응한다. 산딸기를 놓치면 조금 배가 고프고 말겠지만, 호랑이를 간과하면 목숨을 잃을 수 있다. 회사를 떠나면 좋을 이유가 열 가지는 되더라도, 한두 가지의 안 좋을 이유가 더 크게 다가온다. 지금 내가 그렇다. 분명 떠나야 할 시점인데 발이 떨어지지 않는다. 아예 퇴사 시기를 못 박은 건 이런 마음을 누구보다 잘 알기 때문이다.

회사에서 조금이라도 좋은 일이 생기면 미련의 화살이 스쳐 지나간다. 이건 미련이다, 미련이다 속으로 주문을 외지만 여전하다. 어쩔 수 없나 보다. 하지만 어쩌겠는가. 퇴사하기 좋은 날이란 결코 오지 않는다. 그저 선택을 했느냐, 그렇지 않느냐의 문제다. 단순하다. 굳이 행동을 정당화하지 않아도 된다. 그저 택하면 된다.

물론 과감함과 무모함은 구분해야 한다. 큰 결정을 내리기 전 숙고하는 건 당연한 수순이다. 다만 나 같은 우유부단쟁이에겐 한 스푼의 용기가 있어야 한다. 패러글라이딩을 하려면 일단 발을 떼어야 한다. '땅바닥으로 추락하면 어떡하지, 비싼 값을 못하면 어쩌지' 같은 걱정은 넣어두고서. 몇 번 허우적거리다가 바람을 타고 쓱 미끄러져 내려간다. 고요함이 몸을 감싸고 생각보다 이 시간을 즐길 수 있게 된다. 그러다 땅바닥에 내려앉으면 모든 고민이 무색해진다. 아, 이 맛에 패러글라이딩을 하는구나.

나는 나의 눈치를 보기로 했다

모든 결정은 후회를 남긴다. 한쪽 길을 택하면 다른 길은 걸을 수 없다. 그 길은 미지의 영역으로 남는다. 저기를 걸었더라면 어땠을까? 계속 고개를 돌려 그쪽을 바라본다. 미련과 아쉬움의 눈빛이다. 그러면 대체 어떻게 해야 할까? 뚝심 있게 밀고 나가는 인내심도 필요하고, 용기도 필요하다. 다만 마음 한 구석에는 계속 무언가가 남아 나를 괴롭힌다.

여기에 타인의 시선이 끼어들면 일은 한층 더 복잡해진다. 조만간 퇴사할 거라고 말해보자. 10명의 사람이 10개의 다른 이야기를 들려준다. 각자 자신의 입장에서 최선의 답변을 한다. 머릿속이 정리될 줄 알고 말을 꺼냈는데 괜히 싱숭생숭하다. 뭔가 기준이 필요하다.

순간순간 어떤 결정을 내렸느냐보다 중요한 건 그 선택의 기준이다. 기준이 제대로 서있지 않으면 금세 무너진다. 다른 사람의 말에 휘둘리고, 자신의 에고를 채우기 위해 잘못된 길을 택한다. 누군가는 내면에 귀를 기울이라고 말한다. 이보다 더 추상적일 수 있을까? 지금 잠시 멈춰서 안에서 들려오는 소리를 들어보자. 온갖 잡음이 들린다. 생각은 보통 어떤 점으로 수렴하는 게 아니라 발산한다. 가지에 가지를 뻗어 무한히 나아간다. 여기에 요동치는 감정이 더해지면 그 진폭은 더 커진다.

그래서 사람은 저마다의 기준을 가지고 세상을 살아간다. 만약 돈이 삶의 기준이라면 어떨까? 매사에 가장 큰 수익을 올릴 수 있는 최적점을 찾으면 된다. 그럼 수많은 후보군 중 무엇을 선택해야 할까? 후회로 점철되는 삶을 살지 않으려면 어떻게 해야 할까?

우선 가장 확실한 사실에서 출발하기로 했다. 삶에서 가장 확실한 사실. '난 언젠가 죽는다' 시기의 차이는 있겠지만 죽는다는 사실 자체는 변하지 않는다. 이는 삶의 유한성을 드러냄과 동시에 기준점을 세워준다. 죽음의 순간을 그려보자. 그리고 시계를 거꾸로 돌려보자. 점점 젊어지고 생기가 돈다. 인생에서 이뤄왔던 결과물이 하나하나 해체된다. 시곗바늘은 돌고 돌아 어느 시점에 멈춘다. 바로 지금이다.

지금 이 순간 어떻게 살아야 할까? 인생의 종착역은 죽음이다. 모든 사람은 죽음을 향해 걸어가고 있다. 어떻게 살아가든 마찬가지다. 죽음을 앞둔 나를 상상해보자. 어떤 모습일까? 지난날을 후회하며 비참하게 죽어갈까? 아니면 충분히 가치 있는 인생이었다며 편안하게 눈을 감을까? 어떻게 살아야 했을까? 후회 없이 마지막 순간을 맞이하려면 말이다.

죽기 전의 나에게 묻는다. 지금 퇴사를 해야 할까? 그가 대답한다. 그래야 한다. 비록 힘들고 불안하겠지만 그곳에 남아서 시간을 보내서는 안 된다. 나와서 네 일을 하고, 몸과 마음을 챙기고, 주어진 시간을 한껏 누려야 한다. 듣고 보니 떳떳하게 살고 싶다. 이런 욕망이 내면을 채워간다. 나 자신의 눈치를 보게 된다.

타인의 시선과 자신의 에고를 만족시키기 위해 너무 많은 시간을 보냈다. 사람은 언젠가 죽는다. 그 순간을 맞이할 나를 위해서라도 시간낭비를 멈춰야 한다. 주변에서 누군가 생을 마감

할 때마다 느낀다. 나도 죽겠구나. 두렵다. 죽는다는 사실 자체보다 두려운 건 인생을 제대로 살아내지 못했다는 자책감이다. 적어도 그렇게 살고 싶지는 않다.

용기는 역설적으로 두려움에서 온다. 무엇이 더 중요한지를 알 때, 사람은 비로소 몸을 일으킨다. 그래서 조금은 내가 원하는 대로 살아주기로 했다.

회사에 말했다. '저 퇴사해요'

짧게는 6개월, 길게는 3년간 이 순간을 그려보았다. 어떨까? 후련할까? 불안할까? 무서울까? 기쁠까? 상사는 뭐라고 할까? 주변 사람은 어떻게 받아들일까? 알아내는 방법은 단 하나. 직접 해보는 수밖에. 그렇게 면담을 요청했고 사수와 팀장님께 각각 말씀드렸다. '저 퇴사하겠습니다'

관계의 모서리는 이별의 순간에 더 선명해진다. 가장 솔직한 마음만이 자리에 남는다. 속 깊은 얘기가 새벽 술자리에서 조심스레 얼굴을 내밀듯이. 주변 동료에게 많은 응원을 받았다. 아쉽다는 사람, 축하한다는 사람, 부럽다는 사람, 걱정하는 사람. 가지각색의 모습으로 나의 퇴밍아웃을 받아들인다. 한 사람이 떠난다는 건 생각보다 큰 일이다. 조금은 더 책임감을 가지게 된다. 여기서 받은 사랑만큼 더 충만하게 살아가야지.

어떤 기분이냐면, 사실 잘 모르겠다. 덤덤하면서도 끝이라고 생각하니 가슴이 찡하기도 하다. 너무도 당연해서 모르고 살았던 관계의 소중함도 새삼 느끼게 되었다. 인생은 혼자지만 그래도 같이 걸어갈 사람 정도는 있다. 회사에서 헛살지는 않았구나, 녀석.

퇴사는 좋은 결정이었을까? 알 수 없다. 적어도 지금은 그렇다. 좋고 나쁨은 결과로 드러난다. 통제할 수 없는 영역이다. 다만 옳은 결정이었는지, 혹은 더 맞는 결정이었는지는 알 수 있다.

내가 쏘아 올린 작은 공은 갖가지 변수와 요동치는 감정, 운에 의해 방향을 수시로 바꾼다. 다만 어떤 공을 대포에 넣고 쏠지는 결정할 수 있다. 이렇게 보면 인생은 참 단순하다. 바꿀 수 있는 것과 바꿀 수 없는 것을 구분하고 초연하게 받아들이면 된다. 물론 쉬운 일은 아니다. 어쩌면 영영 불가능할지도 모르겠다.

퇴사 때문에 싱숭생숭할 때면 왜 그 길을 선택했는지 곱씹어 본다. 난 철저히 내면을 따랐다. 이기적이지만 효과적이다. 다른 사람의 시선이 끼어들지 않으니 문제가 간단해진다. 안에서 피어오르는 욕망을 살핀다. 쉬고 싶다는 욕망, 자유로워지고 싶다는 욕망, 독립적으로 살고 싶다는 욕망, 세상을 더 알아가고 싶다는 욕망이 하나둘씩 수면으로 떠오른다. 욕망을 하나씩 건져내어 펼쳐놓는다. 사실 하나같이 같은 얘기를 하고 있다. 그 이야기를 경청했고, 생각보다 쉽게 마음을 먹었다. 퇴사하자.

내면을 꺼내놓고 잘 관찰해보자. 안주하고 싶다면 계속 그렇게 살아가면 된다. 더 좋은 회사로 가고 싶다면 이직 준비를 하면 된다. 나만의 사업을 하고 싶다면 창업을 하면 된다. 다른 세계가 궁금하다면 해외로 나가거나 아예 새로운 분야에 도전하면 된다. 다 필요 없고 그냥 쉬고 싶다면? 쉬면 된다.

어떻게 그렇게 쉽게 결정할 수 있냐고 되묻는다면 이렇게 생각한다. 아직 그렇게 절박하진 않구나. 물에 빠진 사람에게 가장 시급한 문제는 뭘까? 당장 물 밖으로 나와 산소를 마시는 거다. 불타는 빌딩에 갇혔다면 탈출해야 하고, 폭주 기관차가 달려들고 있다면 옆으로 몸을 피해야 한다. 이건 이래서 안 되고 저건 저래서 안 되고 하면서 시간만 보내고 있다면 여유가 있는 거다. 괴롭고 힘든 거랑은 별개로.

'간절해야 뭔가를 이룰 수 있다, 미쳐야 미친다' 같은 충고를 하는 게 아니다. 내면에 따라 살고 결과를 받아들이라는 말이다. 회사에서 미치도록 힘들다면 나와야 한다. 그게 두렵다면 남아서 때를 기다려야 한다. 현실을 부정하면 괴롭다. 괴로움이 커지면 자기 손해다. 욕심을 버리거나 행동해야 한다. 난 아주 이기적인 사람이라 손해 보는 장사는 하지 않기로 했다.

퇴사 결정은 사소하지 않다. 그저 자연스러운 귀결이다. 내면이 흐르는 대로 따라가다 보니 어느새 마주한 갈림길이다. 방향은 명확하다. 어떻게 끝날지 모를 뿐이다. 그건 누구나 마찬가지다. 회사를 계속 다닌다고 해서 마냥 안정적이진 않다. 구조조정, 부서이동, 순환배치, 사업장 이동, 직무 변경, 승진 누락, 폐업 등 수많은 요소가 기다린다. 상사의 말 한 마디에 이리저리 휘둘리기도 한다.

아무튼 이제 한 달 남았다. 시작해야 할 일도, 끝내야 할 일도, 계속 끌고 가야 할 일도 산더미다. 생각만 해도 머리가 아프지만 그래도 이렇게 말해주고 싶다. 잘했어. 그리고 수고했어.

회사라는 보조바퀴를 떼고

가끔은 이별이 반갑다. 나비가 번데기를 벗어던지듯 새롭게 태어날 수 있어서. 사람의 인생은 한 번이지만 그 안에서 수많은 죽음과 부활을 반복한다. 과거를 저편으로 흘려보내고 미래를 맞이한다. 미래는 또 다른 과거가 되고, 새로운 시작으로 이어진다. 연결된 고리를 따라 인생이라는 거대한 바다를 이리저리 유영한다. 어느 순간 뒤를 돌아보면 변화의 흔적이 내면에 남아있음을 알게 된다. 그 모든 일의 결과로 지금의 내가 있다.

하지만 여전히 떠나보내기가 두렵다. 익숙한 안전지대, 관계, 습관, 지긋지긋한 일상까지도. 도망치는 기분이다. 도망친 곳에 낙원은 없다는데, 잘하고 있는 걸까? 좋든 싫든 이미 카운트다운은 시작되었다. 퇴사가 한 달도 채 남지 않았다. 문득 과거의 기억이 떠오른다.

자전거를 처음 배울 때 아버지는 안장 뒤쪽을 단단하게 붙들었다. 보조바퀴도 떼어내고 오로지 어설픈 균형감각으로만 달려 나가야 한다. 넘어질만하면 아버지가 한 번씩 잡아주었지만 결국은 내 힘으로 페달을 밟는다. 수영을 할 때도 마찬가지다. 처음에는 누군가의 손길이나 킥판의 도움을 받는다. 물에 닿는 그 서늘한 감각, 숨이 쉬어지지 않는다는 공포, 사방에서 반사되어 귀를 때리는 수영장 특유의 소음까지. 겁 많던 아이는 이제 자전거도 수영도 즐길 줄 아는 어른이 되었다.

회사는 보조바퀴이자 킥판이다. 처음에는 의지한다. 한쪽으로 기울어도 괜찮다. 어차피 보조바퀴가 땅을 단단하게 받쳐주고, 킥판이 몸을 다시 물 밖으로 꺼내 줄 테니까. 그러다 충분하지 않은 시점이 온다. 오히려 방해가 된다. 마음껏 앞으로 달려 나가거나, 깊은 물 속으로 들어가고 싶은데 그럴 수가 없다. 욕망은 점점 자라 누를 수 없는 지경인데도 회사라는 틀에 갇혀있다. 이제는 놓아줄 때다.

비틀거린다. 숨을 헐떡이고 허우적거린다. 그러다 나만의 호흡과 자세, 요령을 익힌다. 오롯이 홀로 서는 법은 누구도 가르쳐줄 수 없다. 손에 배긴 굳은살만큼, 하나둘씩 늘어가는 상처만큼 조금 더 성장한다. 그 과정에서의 아픔은 말도 못 한다. 일종의 성장통이다. 뼈가 지끈거리는 고통을 겪어내야만 한 뼘 더 자란다. 그렇게 바라던 어른이 되어간다.

퇴사는 도망이 아니라 탈출이다. 둘의 차이는 명확한 목적의식에 있다. 도망은 그저 현상황에서 벗어나는 게 목적이지만, 탈출은 더 나은 곳에 가기 위한 몸부림이다. 탈출에는 항상 목적지가 있다. 회사를 탈출했다면 다른 일을 해야 하고, 감옥에서 탈출했다면 고향이라도 찾아가야 한다. 문제가 내부에서 해결될 기미가 보이지 않으면 탈출 버튼을 누른다. 그렇게 해야만 보이는 게 있다. 킥판에서 손을 떼어야 프리 다이빙을 할 수 있는 것처럼.

조금이라도 자라기 위해 탈출해야 했다. 갑갑한 사무실에 갇혀서는 답이 보이지 않는다. 답은 바깥에 있다. 정확히 어디 있는지는 모르지만. 지난 3년간 찾아 헤맸기에 잘 안다. 조금이라도 더 충만해지고, 살아있다는 감각을 느낄 수 있는 공간은 회사 밖에 있다. 이건 명확하다.

그럼 회사에 발을 붙이고 바깥을 경험할 수 있을까? 가능하지만 거추장스럽다. 마치 보조바퀴를 달고 내달리는 자전거와 같다. 조금이라도 기교를 부리면 땅에 긁혀 소음을 낸다. 내면에서 들려오는 소음에는 귀를 막을 수도 없다. 계속 무시하면 몸과 마음에 신호가 온다. 갑자기 병이 찾아오고 쉽게 우울해진다. 이제는 그 신호를 무시하지 않기로 했다. 우선 나가야 한다. 나가야 보인다. 길이 어디에 놓여 있는지.

지금이라도 나갈 수 있어서 얼마나 다행인지 모른다. 아무리 마음으로 비명을 질러도 애써 덮어둬야 했다면 인생은 어떻게 흘러갔을까? 모르긴 몰라도 행복한 결말은 아니었겠지. 최소한 불행하게 살아가고 싶지 않으니 탈출한다. 도망도 회피도 아니다. 인생을 잘 살아보고 싶다. 그런 선택을 내린 과거의 나에게 조금은 고마운 마음이 든다.

유일한 사람이 된다는 것

가끔 수많은 사람의 틈바구니 속에서 지독한 외로움을 느낀다. 그들과는 다를 바가 없으면서 섞이지도 못하는 자신을 인식하기 때문이다. 사람은 1인칭으로 세상을 바라본다. 그래서 스스로를 남과 다르다고 느낀다. 군중은 일종의 덩어리로 인식

된다. 나와는 분리된 하나의 덩어리. 동시에 타인에게서 내 모습이 보인다. 똑같은 옷, 똑같은 머리, 똑같은 말투로 살아가는 나. 유일하지도 특별하지도 않다.

달라야 하지만 달라서는 안된다. 현대 한국 사회를 살아가는 K-직장인이 흔히 겪는 딜레마다. 요새 친구들은 개성이 없다며 혀를 끌끌 차다가도, 조금만 특이하면 수군거리는 상사. 창의성과 순종을 동시에 요구하는 조직 문화. '사장님이 허락하신 혁신'만이 받아들여지는 현실. 고개를 쳐들기도, 완전히 숙이기도 어려운 어중간한 자세로 지금 이 순간을 버텨낸다. 나를 마음껏 드러내도 손해보지 않을 위치에 오르기 전까지는.

사실 퇴사자만큼이나 직장인의 불안감도 상당하다. 직장인은 확실성과 불확실성의 교차로에서 살아간다. 일한 만큼 월급이 따박따박 나오지만 언제든지 잘릴 수 있다. 비정규직은 언제 정규직이 될지, 정규직은 언제 승진할지 노심초사한다. 회사를 떠나는 이의 뒷모습을 보며 이대로 괜찮은지 반문하기도 한다. 사업을 하다 망하는 것보다야 낫지 하면서 위안을 삼다가도, 성공한 사람에게 질투와 동경의 시선을 보내기도 한다.

이 와중에 인공지능에 의한 대체라느니, 나만의 기술을 가져야 한다느니, 노동 양극화가 심해진다느니 하는 소리가 미디어를 타고 슬슬 나온다. 그런 상황을 모르는 건 아니지만 딱히 대안도 없다. 어떻게 해야 할지 배우지 못했고, 세상에는 어려운 일 투성이니까. 결국 극도의 안정성을 추구하거나 도박에 가까운 확률에 인생을 건다. 미래가 불안하니까.

누군가는 방황한다. 평생을 똑같은 일만 하며 사는 것도, 순전히 운에 삶을 내맡기는 것도 탐탁치 않아서다. 내 삶이라고 부를 수 있으려면 어떻게 살아야 할까? 특별함과 유일함은 어디에서 올까?

식상한 답변이지만 답은 내면에 있다. 외부세계는 항상 개성에 망치질을 가한다. 규율과 도그마, 집단의 이해관계로 개인을 휘두른다. 그래야 수많은 사람이 문제없이 섞여 살 수 있기 때문이다. 하지만 개개인은 저마다의 취향, 신념, 가치관, 기억을 가지고 살아간다. 그리고 세상과 만날 때 대개 그 뾰족함을 감춘다. 혹은 닳아 없어지기도 한다. 혼자서만 사는 세상이 아니니까.

표현을 하지 않아도 그 괴리감은 계속 남아있다. 흔히 말하는 '현타'가 오기도 하고, 갑자기 자아를 찾겠다며 인도행 비행기표를 끊거나, 쉽게 우울해지기도 한다. 사람은 군중 속에서 편안함을 느끼는 사회적 동물이면서, 동시에 자의식을 가진 개별적 존재다. 나와 우리 사이에서 끊임없이 갈등하고 아파한다. 사실 한쪽으로만 생각하면 편하다. 집단에 나를 완전히 내맡기거나, 아니면 남을 무시하고 나를 위해서만 살거나.

두 길 모두 쉽지 않기에 방황이 시작된다. 답은 알고 있다. 유일해져야 하고, 특별해져야 한다. 그러기 위해선 내면을 거스르지 않는 삶을 살아야 한다. 내면은 단순하지 않다. 수많은 파동과 시간이 만들어낸 결과물이다. 지금 이 순간에도 끊임없이 요동친다. 그리고 그 일련의 흐름을 보고 있자면 개성 혹은 성격이 보인다. 참자아라고 불러도 좋다. 그렇게 나를 발견해야 한다.

어두운 방 안에서 생각만 한다고 찾을 수는 없다. 세상은 자아를 비추는 거울이다. 자아 역시 세상을 비춘다. 자아는 경험한 만큼 넓어지고 성찰한 만큼 깊어진다. 마치 해저의 바닥처럼 수많은 굴곡이 생기고 개성이 된다. 유일함과 특별함은 여기저기 쏘다니는 탐험가나 깊게 침잠하는 다이버에게 주어지는 특권이다. 그 넓이와 깊이만큼 그 사람이 다른 이에게 받아들여진다. 그렇게 유일한 사람이 된다.

그럼 일은
어때야 할까

#2 HOW

내 '일'이 아니라 '내' 일

"넌 언제 제일 화가 나?"

친구가 물었다. 내가 가장 화날 때? 한 번도 생각해본 적 없는 질문이다. 화가 났던 순간을 돌이켜본다. 회사에서, 학교에서, 여행지에서, 하다못해 방구석에서. 있다, 그런 순간이. 손발이 묶여 아무것도 하지 못하면 화가 났다. 삶을 끌고 가는 게 아니라 내가 질질 끌려다닐 때.

회사를 다니면 마치 어린아이가 된 기분이다. 조금만 엇나가도 가로막는 손. 나는 분명 성인인데, 나이만 그랬나 보다. 여전히 잘못을 하면 혼나고, 일에 온전히 책임지지 못하는 그냥 어른 아이. 상사도 위만 쳐다본다. 이렇게 해도 될까요? 저렇게 해도 될까요? 부모의 허락을 기다리는 아이와 같다. 정말 아찔하다.

자신의 행동에 온전히 책임질 수 있어야 어른이다. 그 대가로 권리를 얻는다. 그게 주인이다. 흔히 자기 일에 주인의식을 가지라는 말을 듣곤 한다. 주인의식은 추상적인 구호로 얻을 수 있는 간편한 마음가짐이 아니다. 실제로 그 일을 끌고 가는 주인이어야 한다. 주인이 아닌 자에게 주인의식은 차라리 노예 근성에 가깝다. 권리 없는 책임. 딱 노예다.

니체는 누군가의 명령에 의해 움직이는 노동자를 노예로 규정했다. 노예는 시간도, 돈도, 관계도 마음대로 하지 못한다. 반면 주인은 스스로에게 명령을 내린다. 그리고 그 명령을 충실히 따른다. 삶의 주체성을 얻기 위해. 자유롭게 살기 위해.

드라마 〈이태원 클라쓰〉에서 주인공 박새로이는 말한다. "제 삶의 주체가 저인 게 당연한, 소신에 대가가 없는 그런 삶을 살고 싶습니다." 단단하다. 자기 삶의 주인이니까. 아무리 목줄을 잡아끌어도 끌려가지 않는다.

이렇게 말하는 나도 위계나 권력 앞에서는 한없이 움츠러든다. 강자 앞에서도 당당하게 할 말을 하는 그런 멋진 사람이 아니다. 속으로는 부글부글 끓지만 몸은 바삐 움직인다. 한편으로는 편하다. 자발적으로 한 일이 아니니 온전히 책임지지 않아도 되니까. 누군가에게 의존하는 삶은 이토록 달콤하다.

조직에는 끝없는 '컨펌의 굴레'가 있다. 광고 시안을 하나 올린다. 과장, 부장, 상무, 부사장이 좋다고 해도 (디자인팀을 포함해서) 사장의 맘에 들지 않으면 다시 내려온다. 기껏 올린 결과물이 미끄럼틀을 타고 주르르 미끄러진다. 사장의 안목, 혹은 심기가 조직의 방향성을 좌지우지한다.

그래서 중요한 건 특별함이나 새로움이 아니다. 설령 위에서 온갖 추상적인 단어를 써가며 새로운 시안을 요구해도 마찬가지다. 그럼 뭐가 중요할까? 바로 '보여짐'이다. 위에서 볼 때

특별해 '보이고' 새로워 '보이는' 결과물. 흔히 말하는 보여주기식 문화는 이렇게 탄생한다. 특별히 아랫사람이 비굴해서가 아니다. 아이러니하게도 그게 가장 효율적이어서다.

업무에는 항상 데드라인과 컨펌이라는 두 관문이 존재한다. 수많은 일을 떠안은 K-직장인 입장에서 이를 수호하는 건 금과옥조와 같다. 대부분의 의사결정은 탑-다운(Top-Down) 방식으로 이루어지니 위에서 문을 걸어 잠그면 방법이 없다. 별것도 아닌 걸로 꼬투리를 잡지만 그걸 따질 여유도, 시간도 없다. 일을 어떻게든 제시간에 해내는 게 지상과제가 되어버린다.

이런 상황에서 제일 합리적인 방법은 그저 모든 걸 수용하는 것이다. 폰트 크기나 표 테두리 두께를 붙들고 씨름한다. 간신히 하나 끝. 그렇게 계속 반복이다. '이럴 거면 자기가 다 하지'라는 생각이 떠오르겠지만 어쩌겠는가. 그게 조직의 생리다.

시키는 대로만 하면 어떤 일이 벌어질까? 당장 업무는 마쳤지만 영혼에는 깊은 상흔이 남는다. 주체성이 사라지고 노예근성이 자리한다.

책 〈예루살렘의 아이히만〉은 이런 상황이 극단으로 치달았을 때 어떤 일이 벌어지는지 담담하게 서술한다. 독일 나치 치하에서 유대인 학살을 주도한 아돌프 아이히만. 그는 패전 후 체포되어 예루살렘의 법정에 선다. 유대인이자 저자인 한나 아렌트는 법정에서 그를 관찰한 끝에 '악의 평범성'이라는 개념을 발견한다. 아이히만은 피에 굶주린 사이코패스 살인마가 아니다. 그저 충실하게 명령을 수행한 공무원이다. 자신은 죄가 없다며, 그저 지시를 따랐을 뿐이라며 반문한다.

그는 무슨 죄를 지은 걸까? 한나 아렌트가 생각한 죄목은 다음과 같았다. 스스로 생각하지 않은 죄. 그는 자신의 행동으로 인해 따라올 결과를 생각했어야 했고, 고통받을 수많은 유대인을 생각했어야 했다. 그는 결국 사형을 언도받는다.

예루살렘의 재판관은 지금의 나를 보고 어떤 판결을 내릴까? 그 법정에서 어떻게 항변할 수 있을까? 당당하게 죄가 없다고 말할 수 있을까? 자신이 없다. 적어도 이 회사에 몸을 맡기고 있는 이상은 말이다. 이제는 정말 '내' 일을 하고 싶다.

좋아하는 일을 해야 하는 현실적인 이유

"좋아하는 일과 잘하는 일 중 무엇을 해야 하나요?"

진로 하면 흔히 나오는 질문이다. 참 행복한 고민이다. 좋아하는 일도 있고, 잘하는 일도 따로 있다니. 뭘 좋아하는지 모르고 딱히 잘하는 게 없는 사람이 대다수 아닐까? 좋아하는 일까지는 어떻게 찾았다 치자. 우연히 들은 원데이 클래스에서 발견했다든지 하는 식으로. 보다 현실적인 고민의 지점은 여기에 있다.

"좋아하는 일과 할 수 있는 일 중 무엇을 해야 하나요?"

할 수 있는 일. 관성에 의해 살다 보면 절로 얻어지는 그 무언가. 쉽다는 건 아니다. 세상은 빠르게 돌아가는 컨베이어 벨트와도 같다. 가만히 있기 위해서라도 앞으로 내달려야 한다. 내 전공, 내 학력, 내 스펙으로 갈 수 있는 곳. 그게 지금의 이 회사였다. 좋아서도, 잘해서도 아닌 할 수 있어서. 그 대가는 생각보다 크다. 끊임없이 존재론적인 고민에 시달린다.

그러다 보면 자꾸 곁눈질을 하게 된다. 이것도 경험해보고, 저것도 경험해보고 자아의 지평을 넓혀간다. 그러다 좋아하는 일이 하나둘씩 그물에 걸린다. 일단 손에는 쥐었는데 어떻게 해야 할지 모르겠다. 내일이면 회사를 가야 하는데 이 일이 미치도록 재밌다. 나, 이 일 좋아하나 보다.

그럼 그 좋아하는 일을 하면 된다. 하면 되는데, 그렇게 쉽지 않다. 주변에서도 만류한다. 부모님께 말해보자. 잘 다니던 회사를 그만두고 내일 당장 고양이 전문 포토그래퍼가 되겠다고. 흔쾌히 고개를 끄덕일 부모님이 얼마나 될까? 멀고도 험한 길이다.

"꿈이 아니라 현실을 봐!"

이런 상황에서 대개 '현실'이라는 단어는 내 꿈을 꺾기 위한 수단이 된다. '먹고사니즘'이 지배적인 한국 사회에서는 더더욱. 물론 현실을 무시할 수는 없다. 살려면 돈이 필요하다. 그렇다면 문제를 다르게 정의해보자. '현실 vs 꿈'의 대결구도가 아니라 '현실 = 꿈'이라는 등식으로. 오히려 꿈을 좇는 게 가장 현실적인 길이 되는 꿈같은 상황이다.

결론부터 말하자면, 좋아하는 일을 해야 살아남을 수 있다.

1. 좋아해야 지속할 수 있다.

본디 일이란 하나의 운명이었다. 과거에는 국가가 특정 직업을 강제했다. 백정은 백정의 일을, 양반은 양반의 일을 했다. 좋아하든 그렇지 않든 어쩔 수 없다. 체념하고 받아들이는 수밖에. 다른 의미로 고민이나 불안이 없는 사회였을지도.

이제 일은 국가적 의무나 생존의 문제를 넘어선다. 자신의 취향, 의미, 즐거움, 행복을 일에서 찾기 시작한다. 그런 내적인 욕구를 충족하지 못한다면? 과감히 방향을 튼다. 당장 그러지는 못하더라도 계속 다른 길을 탐색한다. 언제라도 떠날 준비를 하면서.

'평생직장'이라고 해도 마찬가지다. 자신을 속이며 수년간 버틸 수는 있겠지만 그동안 몸과 마음이 망가지고 만다. 자기모

순은 끊임없이 나를 공격한다. 버티기 어렵다. 좋아하지 않으면 지속할 수 없다.

2. 지속해야 탁월해진다.

책 〈타이탄의 도구들〉은 탁월함을 다음과 같이 정의한다.

1) 한 가지 분야에서 최고가 될 것.

2) 적어도 네 가지 분야에서 상위 25% 안에 들 것.

첫 번째 탁월함은 정상에 오른 자만이 누릴 수 있다. 뛰어난 재능과 행운, 부단한 노력이 더해져 최고의 작품을 내놓는다. 이름만 대면 알 수 있는 유명인사가 되어 모든 부와 명예를 독식한다. 분명 매력적이지만 극소수만이 맛볼 수 있는 과실이다.

두 번째 탁월함은 조금 다르다. 쉽지 않지만 가능하다. 좋아하는 일을 찾고 꾸준히 지속한다면 말이다. 세계 최고의 사진사가 되기는 어렵다. 하지만 고양이 사진을 찍으면서 에세이를 쓰고, 칵테일을 만들고 인테리어에도 관심이 많다면? 자신만의 탁월함을 얻을 수 있다.

열정은 하루아침에 불타오르는 불꽃이 아니라, 지속할 수 있는 인내심에 가깝다. 일을 계속 끌고 가야 결과물이 나온다. 엉성하게나마 뭔가를 만들어본 경험은 계속 쌓인다. 어떤 고지에 오를 때까지.

3. 탁월해야 살아남는다.

IMF 금융위기 이후 '노동의 유연화'라는 문구 아래 비정규직이 대량으로 양산된다. 이젠 직업을 선택할 때 안정성이 가장 중요한 기준이 된다. 대기업, 공기업, 공무원 자리에 지원자가 몰린다.

삼성에 취업하려고, 공무원이 되려고 태어난 사람은 없다. 하지만 미래에 대한 불안감은 선택지를 극도로 좁힌다. 가장 확실한 길, 가장 단단한 길만이 인정받는다. 인공지능과 코로나가 등장하기 전까지는.

인공지능은 단순 반복 업무를 빠른 속도로 대체하고 있다. 여전히 중요한 의사결정은 사람이 내린다. 하지만 의사결정에는 많은 인원이 필요하지 않다. 코로나 사태는 이런 트렌드에 종지부를 찍었다. 대기업은 아예 공채를 폐지하고 바로 써먹을 수 있는 인재를 수시채용으로 뽑는다. 수많은 대면 서비스직이 사라지고 각종 산업은 온라인으로 무대를 옮겼다.

잘하지 않으면, 아니 탁월하지 않으면 살아남기 어렵다. 남과 경쟁하며 아귀다툼을 벌이라는 소리가 아니다. 이제 모두에게 필요한 건 토익 점수나 학위같이 정량화된 지표가 아닌 나다움이다. 나다움을 너무 추상적으로 생각하지 말자. 내가 남들과는 다르게 잘할 수 있는 일. 그게 일에서의 나다움이다. 좋아하는 일로 나만의 색깔을 더해보자. 앞으로는 그래야만 한다.

'좋아하는 일을 해라' 이건 배부른 소리가 아니다. '시키는 대로 해라, 할 수 있는 일만 해라, 현실에 안주해라' 이게 진짜 배부른 소리다. 꿈이 아니라 현실을 보자.

'존버'만으로는 부족하다면

'존버'

참으로 생명력이 강한 단어다. 수많은 유행어가 명멸하는 21세기 한국에서 그 자체로 존버 정신을 실천하고 있다. 이 단어는 다음과 같은 뜻을 내포하고 있다.

1) 삶은 원래 힘들다.

2) 그래서 버티는 수밖에 없다.

3) 그러다 보면 좋은 날이 '올 수도' 있다.

'존버'는 아득바득 살아가는 생명력과 삶에 대한 체념을 동시에 담아낸다. 결과를 짐작하기는 어려우니 현재 할 수 있는 건 버티는 길뿐. 팔뚝에 핏줄이 팽팽하게 서도록 동아줄을 붙들어야 한다. 그게 삶이다. 힘들어도, 슬퍼도 어쩔 수 없다.

어떤 환경이든 나름의 힘듦은 있기 마련이고 그 시련을 이겨내는 게 인생이다. 억세게 운이 좋지 않다면 말이다. 그 운을 온전히 누리기 위해서라도 노력과 존버 정신은 꼭 필요하다. 결과는 확률이지만 과정은 의지다.

다만 어디서 어떻게 버틸지 결정하는 건 나 자신이다. 단순히 썩은 동아줄 잡고 있어 봐야 얻는 게 없다 식의 처세술이 아니다. 존버에는 이유와 목적이 있어야 한다는 말이다. 이제는 그럴 시간이 되었다.

존버의 기나긴 터널 끝엔 뭐가 있을까. 수능만 치면, 취업만 하면, 결혼만 하면 뭔가 달라질 것처럼. 막연한 보상과 소소하지만 확실한 고통. 다음 단계로 넘어서면 언제 그랬냐는 듯 또 다른 임무가 주어진다. 인생은 본디 과업의 연속이지만 이건 좀 너무하다 싶다.

처음부터 '좋은 대학 합격해서 좋은 직장 들어가고 승진해서 집 사고 결혼해서 아이 낳고 그 아이들도 너처럼 길러내다가 노후 준비하고 인생의 마무리까지 장례식으로 깔끔하게'라고 하면 지레 겁을 먹어서 그랬던 건가? 하나씩 이뤄낼 때마다 업데이트되는 가족과 친척의 잔소리는 존버하게 만드는 채찍질이다. 그래서 다음은? 그 다음은? 끝이 없다.

누군가는 이런 문화에 반기를 들며 포기 선언을 한다. 비혼주의가 대표적이다. 이해가 되면서도 슬프다. 사회적으로 결혼에 대한 압박이 지금처럼 심하지 않았다면 비혼주의를 굳이 선언할 이유도 없다. 인도에선 채식주의가 너무도 당연해 음식점마다 채식메뉴가 따로 표시되어 있다. 인도인은 굳이 자신을 비건이나 채식주의자라고 소개하지 않는다.

보통 일이 힘든 것보다 사람이 힘든 게 더 버티기 어렵다고 한다. 맞는 말이다. 다만 그 일과 사람을 만들어가는 건 문화다. 그 문화 역시 사람이 만들지 않느냐고? 정확히는 일부의 사람이 문화를 자아낸다. 회사라면 경영진일 수 있고, 가족이라면 가장일 수 있다. 침묵하는 다수는 존버한다.

내가 짜지 않은 틀에 나를 맞춘다. 공간이 넉넉하다면 문제 될 게 없다. 남에게 피해만 주지 않는다면 나라는 존재를 온전히 인정받고 마음껏 뛰어다닌다. 하지만 누구나 그런 행운을 누리는 건 아니다. 작게는 회사부터 크게는 국가에 이르기까지, 박차고 나오지 않으면 벗어날 수 없는 울타리가 있다.

타인의 시선을 신경 쓰지 마라, 하고 싶은 대로 해라. 이런 조언이 일견 허망해 보이는 이유도 여기에 있다. 타인의 시선을 신경 쓰지 않아도 되는 문화, 하고 싶은 대로 해도 되는 문화가 아니라면 따르기 힘드니까. 조직의 정점에 이르지 않는다면 어려운 일이다. 실제로 정상에 오른 이들은 비교적 자유롭게 판을 꾸려나간다.

그럼 나만의 언덕을 세우고 그 위에 올라서는 건 어떨까? 그러면 '존버'도 조금 더 버틸만하지 않을까? 아직은 발칙한 상상에 불과하다. 하지만 하고 싶다. 회사에 앉아 한숨이 나올 때마다 격하게. 우선 버텨보자.

회사에 과몰입 금지

회사에 앉아 가만히 일을 하다 보면 이런 생각이 든다. 이 모든 게 하나의 연극 같다고. 난 사원의 연기를 하고, 팀장은 팀장의 연기를, 임원은 임원의 연기를 한다. 높으신 분이 한마디 던지면 적당히 호들갑도 떨어줘야 하고, 정해진 대본에도 장단을 맞춰야 한다. 모두가 꼼짝없이 정해진 역할을 수행한다. 그리고 퇴근 시간이 되면 각자의 집에서 다른 배역을 맡는다.

회사 밖에서 우연히 직장 동료를 만나면 어색한 이유도 여기에 있다. 마치 영화배우를 현실에서 보는 것처럼 생뚱맞다. 물론 알고 있다. 저들에게도 당연히 회사 밖에서의 삶이 있다. 쇼핑도 하고, 영화도 보고, 운동도 한다. 그런데 이 당연한 전제가 왜인지 어울리지 않는다. 저게 더 자연스러운 모습인데도.

팀장은 계속 팀장일 것만 같고, 사원은 계속 사원일 것만 같은 이 이상한 기분. 차라리 모두가 연기를 하고 있다고 믿는

게 속 편하다. 이상한 게 아니다. 그저 잠시 회사 지붕 아래에서 연기자로 살고 있을 뿐.

책 〈사피엔스〉의 저자 유발 하라리 교수는 현실을 세 가지로 나눈다.

1. 객관

2. 주관

3. 상호 주관

'객관'은 외부세계에 있는 일체의 존재를 말한다. 하늘에 떠 있는 별, 마당에서 자라는 나무가 여기에 해당한다.

'주관'은 내면에 존재한다. 내 안의 감정, 생각 등 오로지 자신만이 경험할 수 있다.

'상호 주관'은 다른 사람과의 약속을 통해 실체를 가지는 '주관'이다. 객관적으로는 존재하지 않는다. '있다고 서로 합의한' 무언가다. 언어, 국가, 종교, 법, 회사 같이 인간사회를 이끄는 원동력이다.

축구 경기장에서 한일전이 열린다. 한국은 존재할까? 일본은? 애초에 축구 경기란 정말 객관적으로 존재하는 걸까? 물론 축구 경기장, 축구공, 한반도, 일본 열도는 존재한다. 하지만 그 위에 스포츠, 국가라는 개념이 생긴 건 모두가 그렇게 합의했기 때문이다.

페터 빅셀의 소설 〈책상은 책상이다〉는 지독하게 심심한 한 남자의 이야기를 담고 있다. 주인공은 어느 날 책상을 양탄자로 부른다. 침대는 그림으로, 의자를 자명종이라고 부른다. 결국 모든 단어를 바꿔버린 남자는 타인과의 대화가 불가능해진다. 주관은 합의되지 않으면 그저 혼자만의 아집에 그치고 만다. 심하면 사회에서 매장당한다.

기억해야 한다. 이 모든 건 연기라는 사실을. 난 사원이라는 직책 내지는 역할을 맡고 있다. 하지만 나 자신이 사원 그 자체는 아니다. 세상에 그런 사람은 없다. 사람은 그저 사람일 뿐이다. 세상은 개인에게 어떤 역할을 부여하고 그게 너의 본질이라고 말한다. 그래야 사회라는 프레임을 손쉽게 굴릴 수 있다.

일시적으로 무대에 오르는 건 크게 문제가 되지 않는다. 문제는 과몰입을 할 때 터져 나온다. 공공연히 벌어지는 '갑질'은 자신의 역할에 과몰입한 이들이 빚어내는 환장의 하모니다. 난 고객이니까, 상사니까, 나이가 많으니까, 선배니까 얼마든지 함부로 해도 된다고 믿는다. 하지만 그런 규칙 따위 세상 어디에도 없다.

사회적 역할이 그저 상호 주관임을 깨닫는 순간, 자유를 얻을 수 있다. 그냥 원래 당연히 의례히 본래 그런 건 없다. 물고기가 물 밖에서 숨을 헐떡이고 사람이 물 속에서 숨을 쉴 수 없듯이 상호 주관의 영향력은 정해진 영역에 그치고 만다. 문을 열어젖히고 나가면 그만이다.

나와야 한다. 절대적이라고 믿었던 그 무언가에게서 너무나도 큰 상처를 받고 있다면 말이다. 상호 주관이 빚어낸 환상에 속지 말자. 손을 들어 자신의 어깨라도 감싸자. 난 선택할 수 있다. 난 선택할 것이다.

내가 있을 곳은 여기가 아니야

입사한 지 며칠 되지 않았을 때 깨달아버렸다. 언젠가 짐을 꾸려 이곳을 나서리라는 걸. 당장 박차고 나갈 정도로 못 견딜 곳은 아니다. 하지만 인생을 바칠 만한 대상도 아니다. 딱 적당히 버틸만할 때, 이별을 준비한다. 배낭을 열어 여장을 꾸린다.

퇴사는 마지막처럼 보이지만 실은 준비과정에 불과하다. 다음 목적지에 안착해야 결실을 맺는다. 거기서도 의미를 찾지 못했다면 다시 떠나야 한다. 온전히 안길 품을 찾기 위해서.

그렇다면 대체 어디로 가야 하는 걸까? 돈을 많이 주는 곳? 재밌는 곳? 안정적인 곳? 내가 내린 결론은 내면이다. 내면에 거스르지 않는 곳, 의미와 기쁨으로 충만한 곳, 한마디로 참자아에 걸맞은 곳. 그렇다면 지금부터 명상이라도 해야 할까?

꼭 그렇지는 않다. 명상은 내면세계를 정리하는 과정이다. 재료를 물어다 오는 건 경험이다. 이것저것 가리지 않고 내면에 생각을 들인다. 책이든 강연이든 직장이든 여행이든 들어오는 게 있어야 정리될 게 있고, 그 과정에서 참자아를 발견할 수 있다.

처음에는 작은 두근거림에 그친다. 그러다 점점 크기를 키워간다. 마음이 감출 수 없을 만큼 커졌을 때, 어떤 형태로든 표현해야 한다. 표현하지 못하면 병이 난다. 갑자기 숨이 가빠지고 심장은 욱신거린다. 밤에 잠이 오질 않고 쉽게 우울해진다.

내면은 까탈스러운 미식가와 같다. 생각보다 호불호가 확실하다. 기성품처럼 쏟아지는 외부세계의 속삭임이 마음에 들지 않는 이유다. 천성, 참자아, 뭐라고 불러도 좋다. 그 자물쇠에 맞는 열쇠는 따로 있다. 닥치는 대로 세상을 뒤진다. 하나의 천직을 찾아.

그런데 끝이 없다. 웬만한 회사는 마음에 들질 않고 직업 백과를 뒤져도 소용이 없다. 마음이 조급해진다. 저 바깥 어딘가에 분명히 있을 텐데. 노력이 부족한 건가? 조금 더 경험을 많이 해야 하나? 아니면 애초에 천직 같은 건 없는 건가?

그렇다면 어떻게 해야 할까? 만들어야 한다. 천직은 찾는 게 아니라 만드는 것이다. 뿌리에 물을 주고 잎을 닦아주듯이 정성스레 키워낸다. 천성과 참자아에 맞게끔.

세상에 없던 무언가를 만드는 이는 필연적으로 방황한다. 남이 깔아 둔 트랙 위를 달리는 기차는 방황하지 않는다. 고작해야 달릴까, 멈출까를 고민할 뿐이다. 바닷속을 유영하는 고래는 다르다. 정해진 방향도, 표지판도 없다. 오로지 자신의 내면을 따라야 한다. 그 내면은 추상적인 정신세계가 아니라, 직접 두 발로 걷는 시간의 지표면에 나타난다.

시간의 발자국이 걸어온 길을 따라 찍힌다. 설령 목표에 이르지 못했더라도 과정을 즐겼다면 그걸로 충분하다. 오로지 자신이 되기 위해 떠난 여행이다. 먼 훗날 뒤를 돌아봤을 때, 내가 가른 물살이 마치 은하수와 같이 세상을 수놓는다. 그 흔적마저 언젠가 하얗게 부서져 잊히겠지만 그걸로 충분하다.

난 나의 삶을 어떻게 기억하고 싶을까? 삶을 기억하는 자체보다 놀라운 건 무엇을 기억할지 선택할 수 있다는 사실이다. 난 남에게도 기억되지만 미래의 나에게도 기억되는 존재다. 끝에서부터 시간을 되짚어 지금에 도달한다. 이제 어떻게 살아야 할지 조금은 알 것 같다.

내가 일하는 진짜 이유

맞는 길을 가고 있는지 확인하는 방법이 하나 있다. 바로 "왜?"라는 질문을 던져보는 것. 호기심이 많은 어린아이처럼 끊임없이 물어야 한다. 왜라는 물음은 논리의 껍질을 하나씩 벗

겨낸다. 단단한 기반이 없다면 더 이상 대답이 나오지 않는다. 혹은 대충 얼버무리게 된다.

조직에, 가족에게, 사회에 물어보자. 왜 그렇게 살아야 하냐고. 열에 아홉은 당황한다. 질문 자체가 금기시되는 분위기라면 더더욱. 누군가는 원래 그런 거라고 답한다. 한 번도 이유를 생각해보지 않은 사람의 대답이다. 물론 그게 최선일 때도 있다. 하지만 대개 더 나은 대안이 있기 마련이다. 왜 그 대안을 택할 수 없을까?

만약 하고 있는 일이 만족스럽지 않다면, 아무리 소비를 해도 채워지지 않는다면, 물어야 한다. 나 자신에게. 왜라는 질문은 본질을 찾는 과정이다. 중요한 부분만 남기고 군더더기를 걷어낸다. 자신과의 대화란 거울을 보고 하는 혼잣말이 아니라, 자문자답의 반복이다. 자신이 납득할 때까지. 완전히 납득하지 못해도 된다. 파고든 깊이만큼 신념은 보다 더 단단해진다.

요즘 나의 최대 관심사는 '일'이다. 그래서 물어보기로 했다. "나는 왜 일할까?"

옆팀 팀장님과 커피를 마셨다. 그분이 물었다. 이 회사 왜 다니고 있냐고. 돈을 벌려고 다니고 있다고 대답했다. 하지만 그건 진짜 이유가 아니다. 그분 말마따나 돈 버는 방법은 수없이 많고 굳이 이곳일 이유가 없다. 그런데 딱 봐도 흥미가 없어 보이는 일을 왜 계속하고 있냐는 거다.

그 자리에선 얼버무리고 말았지만 집에 돌아와 생각했다. 나는 왜 이 회사를 다니고 있을까? 일은 왜 하는걸까? 이 질문에 제대로 대답하지 못한다면 퇴사하는 보람도 없지 않을까?

우선 돈을 주제로 시작해보자. 저마다의 대답은 다르겠지만.

Q1. 일을 왜 해야 할까?

A1. 돈을 벌기 위해서.

Q2. 돈을 왜 벌어야 할까?

A2. 생계를 책임지기 위해서.

이 대답의 키워드는 크게 두 가지다. 생계, 그리고 책임이다.

생계는 생존과 맞닿아 있다. 자본주의 사회에서 돈이 없으면 생존하지 못한다. 의식주를 해결하고 삶을 이어가기 위해선 돈이 꼭 필요하다.

책임은 결과를 받아들이는 자세다. 삶을 스스로 끌고 가는 주체성의 근거이기도 하다. 삶의 주인이 되고 싶다면 책임을 다해야 한다. 가장 기본적인 방법은 돈을 버는 것이다. 생계를 남에게 의존한다면 주체적인 삶을 살기 어렵다.

책임이라는 키워드에서 주체성이라는 또 다른 단어가 나왔다. 책임은 주체성의 전제조건이다.

Q3. 그렇다면 왜 주체적으로 살아야 할까?

A3. 삶의 주인이 되기 위해서.

자유는 주인만이 누릴 수 있는 특권이다. 세상의 풍파를 정면으로 맞더라도 두 다리로 온전히 서 있다. 한 단계 더 나아가 보자.

Q4. 왜 자유롭게 살아야 할까?

A4. 삶의 선택지를 늘리기 위해서.

내게 자유란 '하고 싶은 걸 마음대로 하는'게 아니라 '할 수 없는 게 없는 상태'에 가깝다. 비슷한 말이지만 초점이 다르다. 전자가 마음껏 뛰어노는 어린아이의 모습이라면, 후자는 삶의 제약을 하나씩 없애는 어른의 모습이다. 제멋대로 살거나 남에게 피해를 주는 게 아니라 차분히 선택지를 늘려간다.

Q5. 왜 삶의 선택지를 늘려야 할까?

A5. 충만하게 살기 위해서.

단순히 선택지가 많다고 해서 삶이 충만할리 없다. 한두 가지의 가능성으로도 충분히 알차게 살 수 있다. 운이 아주 좋다면 말이다. 충만함은 내게 맞는 버튼을 누르는 과정에서 느끼는 감정이다. 세상에 있는 수만 가지 버튼 중 무엇이 적합한지는 아무도 모른다. 직접 눌러봐야 한다. 그런데 건드리지도 못하는 버튼이 있다면 어떨까? 후회와 미련으로 남는다.

세상의 모든 일을 다 경험할 필요는 없다. 그럴 수도 없다. 다만 충만함을 찾기 위해서라도 얼마간의 여유는 있어야 한다. 마지막 질문이다.

Q6. 왜 충만하게 살아야 할까?

A6. 그게 사는 이유니까.

아리스토텔레스는 삶의 이유를 행복이라고 했다. 내 결론은 충만함이다. 행복하지 않아도 인생을 살 수는 있지만 충만하지 않으면 지속하기 어렵다. 견고하게 내면을 채워가는 느낌이 없다면 삶은 그저 무색무취의 공허에 불과하다. 삶에는 이유가 없다. 다만 그 빈 공간을 의미로 채울 수 있다.

내가 일하는 이유는 그게 삶의 이유이기 때문이다. 나는 일하기 위해 산다. 동시에 나 자신의 존재감을 한껏 느끼려고 산다.

나는 퇴사해도 이직 안 할거야

오랜만에 회사 동기와 점심을 먹었다. 어쩌다 퇴사 얘기가 나왔다. 그 친구도 평소 퇴사 노래를 부르는터라 물어봤다. 이직 준비는 잘 되어가고 있냐고. 전에는 이직을 할 거라고 하더니 이번에는 조금 다르다. 자기는 퇴사해도 이직을 안 하고 사업을 하고 싶단다. 회사가 자신이랑 잘 맞지 않다며.

취업의 가장 큰 장점은 낮은 문턱에 있다. 살벌하게 얼어붙은 취업시장을 생각하면 말도 안 되는 소리처럼 들리겠지만 사실이다. 회사일은 몇몇 전문직이나 기술직 정도를 제외하면 누구나 앉혀놓고 시킬 수 있다. 사실 그래야만 한다.

헨리 포드는 분업 시스템을 도입해 장인의 전유물이던 생산 기술을 다수의 생산직 노동자에게 위임했다. 한 사람이 혼자 자동차를 만들려면 엄청난 기술과 노하우가 필요하지만, 분업을 통해 업무를 세분화하면 누구나 자동차를 만들 수 있다.

학습 비용 및 기간이 획기적으로 줄고, 생산성은 대폭 상승한다. 본격적인 대량생산이 가능해진다. 이는 생산 현장에만 국한되지 않고 흔히 화이트 칼라로 불리는 사무직에도 그대로 도입된다. 수많은 회사원이 자리에 앉아 주어진 업무만 반복적으로 수행한다. 옆 부서에서 무슨 일을 하는지도 잘 모른다. 알 필요가 없다. 자기 일만 열심히 하면 된다.

효율성 측면에서는 이만한 방법이 없다. 문제는 일하는 주체가 기계가 아닌 사람이라는데 있다. 개인차는 있겠지만 사람은 반복적인 업무에 쉽게 질린다. 실제로 분업 시스템은 이른바 '노동 소외' 현상을 야기한다. 노동자는 생산수단을 소유하지도, 생산과정을 통제하지도 못한다. 그저 자신의 노동력과 임금을 교환할 뿐이다.

노동 소외는 일에서 동기, 보람, 의미를 찾으려는 사람에게 가장 큰 장애물이다. 계속 반복되면 자신의 인생에도 만족하지 못한다. 누군가는 퇴근 후에 '진짜 삶'을 찾는다. 이들에게는 워라밸이 중요하다. 가능하다면 노동시간을 줄이고 여가나 공부, 취미를 즐겨야 하기 때문이다.

최근에는 '일과 삶이 꼭 분리되어야 하는가?'라는 질문이 다시금 제기되고 있다. 일이 삶의 일부임을 받아들여야 한다는 말이다. 일에서 충만함을 느끼지 못한다면 아무리 노동시간을 줄여도 공허하다.

책 〈삶으로서의 일〉은 구성원이 업무에 의미를 느낄 수 있게끔 조직을 구성하고 운영해야 한다고 주장한다. 그래야 일과 삶이 건강한 형태로 융합할 수 있다.

일과 삶이 융합된 모습. 그건 어떤 형태일까? 적어도 지금의 내 모습은 아니겠지. 나도, 동기도 매일매일 괴로워하고 있으니. 해결되지 않은 모순은 차곡차곡 적립되어 언젠가 한꺼번에 인출된다.

회사에서 나를 찾을 수 없다면 밖으로 나와야 한다. 회사 업무의 문턱은 분명 낮지만 모두를 품을 수는 없다. 그렇다고 모든 이가 퇴사를 할 필요는 없다. 저마다의 방식으로 저마다의 일을 하면 된다.

하나만 기억하면 된다. 솔직하게 자신의 욕망을 들여다보기. 그게 돈이든 지위든 안정성이든 보람이든 영향력이든. 자신의 일이 욕망을 온전하게 담아내지 못한다면 떠날 시간이다. 남에게 피해만 주지 않는다면 욕망을 따르는 삶이 가장 자연스럽고 아름답다.

요즘 퇴사자가 부쩍 늘었다

"저, 퇴사하겠습니다."

이유는 가지각색이다. 이직에 성공했거나, 다른 시험을 준비하거나, 상사가 싫어서, 회사가 맞지 않아서 등. 물론 그 누구도 회사에는 솔직한 심정을 밝히지 않는다. 그 솔직함이 받아들여질 조직이었다면 애초에 퇴사를 결심하지 않았을 수도.

최근 퇴사를 한 사람이 부쩍 늘었다. 두달 전에는 4명, 저번 달에는 2명이 나갔다. 아는 것만 해도 그렇다. 올해 중순까지만 해도 없던 일이다. 취업전선이 춥다 못해 완전히 얼어붙은 상황이라 모두가 몸을 웅크리고 견뎌냈다. 아무리 힘들어도 월급을 따박따박 주는 곳이 여기밖에 없으니까. 다행히 코로나 시국에도 회사는 성장했고 채용 인원을 늘렸다.

심리학자 매슬로가 만든 욕구 단계설에 따르면 인간은 여러 층위의 욕구를 갖는다. 그중 가장 기본이 되는 게 생리적 욕구와 안전 욕구다. 인간은 동물로서 원초적인 욕구를 채워야 한다. 여기까지는 소위 '파충류의 뇌'가 관장하는 영역이다. 뱀이나 거북이 같은 파충류도 가지고 있는 욕구라는 말이다. 느릿느릿한 거북이도 위협을 받으면 목을 움츠린다.

회사를 당장 박차고 나가지 못하는 이유도 여기에 있다. 의식주를 해결해야 하고, 냉철한 자본주의 시장에서 최소한의 안전을 보장받고 싶으니까. 회사에 붙어있으면 월급이 나오고 불안한 마음을 어느 정도 잠재울 수 있다.

퇴사를 한 사람이라고 왜 그런 욕구가 없을까. 다만 인간에게는 엄연히 더 높은 단계의 욕구가 있다. 어딘가에 소속되고 싶은 사회적 욕구와 존중받고 싶은 욕구다. 여기서부터는 '포유류의 뇌'가 개입한다. 무리 생활을 하는 영장류를 보면 쉽게 알 수 있다. 영장류는 우두머리를 필두로 공동체를 구성한다. 다른 무리와 전쟁을 벌이거나 소속감을 다지기 위해 서로의 털을 골라주기도 한다.

소속감을 느끼지 못하고 존중도 받지 못하면 퇴사를 결심하게 된다. 퇴사자의 피드백을 받았는지 회사에서도 여러 시도를 한다. 아직까진 별 효과가 없어 보인다. 조직 관점에서 깊은 고민이 없는 티가 역력하다. 말 한두 마디로 마음을 돌리기엔 이미 너무 늦었다.

자아실현의 욕구는 아예 건드리지도 않는다. 이는 매슬로의 욕구 단계설 중 가장 상위에 있는 욕구이며 '인간의 뇌'를 통해 발현된다. 자아실현은 더 나은 자신이 되는 과정이다. 자신의 능력을 발휘해 유의미한 결과물을 내고, 인간으로서 더 발전해야 한다.

매 순간 창의성을 발휘할 수 있는 업무 환경이 아니어도 좋다. 사실 창의력을 뽑아낸다고 꼭 자아실현을 하는 것도 아니다. 하지만 대놓고 넌 시키는 대로만 하라고 면박을 주거나, 우리 일엔 창의성 따위 필요 없다는 말이 상사의 입에서 나온다면 그 조직엔 희망이 없다.

좌절의 경험이 누적되면 사람은 무기력해지고, 또 탈출을 꿈꾼다. 그렇게 퇴사 릴레이가 시작된다. 코로나 시국에 억눌렸던 욕구가 분출되어 나온다. 기본적인 생존 욕구를 뚫고 나올 정도로. 아니면 아예 회사에서 생존의 위협을 느낀 걸까? 슬픈 일이다. 조직원에게도, 조직에게도.

워라밸이라는 환상

이상하다. 워라밸이 유일한 복지인 회사에 다니고 있는데 왜 이렇게 힘들까. 집도 회사 바로 앞에 있어서 신호등 하나만 건너면 그만인 것을. 회사 정문에서 집까지 오는 시간보다 자리에서 정문으로 나오는 시간이 더 오래 걸릴 정도다.

하지만 집에 돌아오면 침대로 무너진다. 전자파 샤워를 하루 종일 하고 내내 마음을 졸여서일까. 적어도 한 시간은 누워있어야 한다. 그렇게 저녁잠을 자고 나면 불쾌한 감정이 밀려온다. 낮잠이나 밤잠처럼 상쾌하지 않다. 주섬주섬 저녁을 챙겨 먹는다. 글을 쓰거나 유튜브를 보거나 헬스장에서 열심히 쇳덩이를 들어 올린다.

워라밸하면 보통 퇴근 후, 혹은 주말에 '진짜 삶'을 살아가는 이미지가 떠오른다. 생산적인 취미활동도 하고 부업도 하고 인생 2막도 착실하게 준비한다. 회사에서 보낸 시간은 마치 내 삶이 아니라는 듯, 직장인으로서의 나는 내가 아니라는 듯.

회사에서 3년간 버텨본 결과 그런 식의 삶도 오래가진 못한다. 일이 삶에서 중요하다면 더더욱. 회사생활에 만족하지 못하면 스트레스가 조금씩 몸과 마음에 쌓인다. 퇴근 후에 드럼을 치거나 독서모임을 한다면 조금 나아지긴 하지만 그때뿐이다. 천장에서 물이 새고 있는데 바닥만 열심히 청소하는 격이다. 일 자체를 삶으로 끌어오지 못한다면 방법이 없다. 일을 아예 안 할 수는 없으니까.

그래서인지 요즘 '워라블'(Work & Life Blending)이라는 단어가 화제다. 일과 삶을 분리하는 게 아니라 적절하게 섞는 게 더 낫다는 거다. 일 역시 삶의 중요한 부분인데 이를 부정하면 건강하게 살기 어렵다. 이제 중요한 건 얼마나 빨리 퇴근하느냐가 아니라, 퇴근 전까지 어떤 일을 하느냐다.

소위 멸사봉공의 마인드로 회사에 맹목적으로 충성했던 지난날과는 다르다. 칼퇴해서 내 인생을 챙겨야 한다는 워라밸(Work & Life Balance)과도 궤를 달리한다. 책 〈프리워커스〉는 '일은 어떠해야 하는가?'라는 본질적인 질문을 던진다. 스스로 일하는 방식을 정하고 나답게 끌고 가는 것. 그게 이 책이 말하는 워라블의 정의다.

아무리 워라밸에 진심인 회사에서 일하고 있어도 마음이 헛헛한 이유가 여기에 있다. 도저히 내 삶과 섞을 수 없는 업무환경과 사내 문화. 애사심은커녕 한 줌의 소속감도 생기지 않는다. 동기들과 회사 뒷담화로 시간을 보내는 것도 한두 번이다. 아무리 칼퇴를 해도 그 전까지는 붙들려있어야 하는 곳이다. 그것도 가장 생기가 도는 아침부터 저녁 전까지.

퇴근하면 잠시 휴식을 얻지만 다음날 다시 출근해야 한다는 압박감이 다가온다. 월요병이라는 말이 있을 정도다. 월요일은 죄가 없다. 그 상황에서 벗어나지 못하는 나 자신이 죄인이라면 죄인일까. 남들도 다 그렇게 사는 거라며 책임을 미루는 것도, 대안을 찾아 나서는 것도 자신의 선택이다. 어떤 선택이든 책임만 진다면 누가 뭐라 할 수도 없다.

3년 동안 회사에서 일해보고 나서야 깨달았다. 일이 내 인생에서 얼마나 중요한지. 일은 단순한 밥벌이 이상의 의미를 갖는다. 이는 가능하면 의미 있는 일을 하고 싶다는 욕망으로 연결된다. 8시간 동안 좀비처럼 일하다가 퇴근과 동시에 탈출하듯 박차고 나가는 삶. 이건 내가 바라는 일의 모습이 아니다. 몇 시간을 일하든 충만함을 느끼고 싶고, 적어도 무의미함의 늪에서 허우적거리고 싶진 않다.

책 〈삶으로서의 일〉은 의미 있는 일터의 조건으로 다음 네 가지를 제시한다.

1. 목적
2. 개인적 성장
3. 소속감
4. 리더십

반대로 생각해보면 직장에서 위의 조건을 경험하지 못한다면 시간만 죽이고 있는 셈이다. 사실 내가 그렇다. 나에게도 회사에게도 불행한 일이다. 나 하나 나가는 것쯤 회사 입장에서는 아무 일도 아니다. 빈자리는 다시 채우면 그만이다. 하지만 수많은 '나'가 퇴사를 결심한다면 문제는 다른 국면을 맞는다.

회사는 점점 목적의식도, 성장하고자 하는 의지도, 소속감도 없는 이들로 채워진다. 그저 회사가 시키는 대로 움직이는 기계 같은 직원만 가득하다. 이 중에서도 분명 관리자와 리더가 나온다. 좋은 리더십의 부재는 또 다른 악순환의 시작이다. 퇴사 릴레이가 이어지고 회사의 퍼포먼스에도 영향을 미친다.

조직 단위에서 일에 의미를 주려는 노력이 없다면 나라도 부여해야 한다. 무의미한 일을 억지로 참고 견디라는 말이 아니다. 찾아 나서야 한다. 만들어야 한다. 나만의 소명의식을. 일과 삶의 의미를.

나만의 것을 갖고 싶다

어른이 되어 가장 좋았던 건 나만의 것을 드디어 가질 수 있게 되었다는 거다. 아이는 선택권이 없다. 공간을 소유할 수도 없고 물건도 마음대로 살 수 없다.

시간이 흘러 어른이 되고 회사에 들어가면 돈이 생긴다. 조금 여유가 된다면 자가나 자차 같은 나만의 공간도 곁에 둘 수 있다. 물건을 사는 소비는 경험에 대한 소비, 관계에 대한 소비로 이어진다. 패러글라이딩을 타고, 사랑하는 연인과 데이트를 하며 잊지 못할 경험을 한다.

 그런데 무언가 하나 빠져있다는 느낌이 든다. 묘하다. 분명 원하는 대로 소비하고 있는데 왜 가슴 한편이 허전한 걸까? 아직 손에 쥐지 못한 한 가지가 남아서다. 바로 일이다. 일을 하고는 있는데 이게 내 일이 아니다. 내 것이라는 생각도 들지 않는다. 처음에는 열심히 하지만 갈수록 의욕이 사라진다. 이건 내 일이 아니라 남의 일을 대신 돈 받고 해주는 행위에 불과하다.

 그런 사람이 있다. 뭐든지 나의 것이어야 의욕이 샘솟는 사람. 내가 그렇다. 항상 반쯤 풀린 눈으로 '이걸 내가 왜 해야 하는 거야' 이렇게 되묻는다면 조직에서 살아남기 어렵다. 손은 바삐 움직이지만 머릿속은 이미 유체이탈 중이다. 회사동기가 그런 나의 눈을 보더니 영혼을 좀 담으란다. 천상 회사 체질은 아닌가 보다.

 영혼을 담으려면 눈에 힘을 줄게 아니라 실제로 기꺼이 할 수 있는 일을 찾아야 한다. 그런 일이 뭐가 있을까. 기억을 더듬어본다. 학창 시절 유일하게 가질 수 있었던 '내 것'은 일기장이었다. 언제인지는 기억이 나지 않지만 어느 순간부터 일기장에 생각을 적기 시작했다. 시시콜콜한 일상만으로 지면을 채울 수 없었으니까. 나름 에세이 스타일의 글을 쓰거나, 단편소

설을 끄적이거나, 미래계획표를 적기도 했다. 누구 하나 보는 사람이 없으니 떠오르는 대로 써 내려갔다.

대학생이 되었다. 이제 누군가와 생각을 공유하고 싶다는 욕망이 조금씩 올라왔다. 가장 손쉽게 접근할 수 있는 네이버 블로그에 하나둘씩 포스팅을 했다. 관심이 있던 주제를 집중적으로 파보기도 하고, 파편화된 인사이트를 나누기도 했다. 방대한 글이 쌓였다.

글이 쌓이자 그 안에서 공통된 선이 보였다. 주제도 스타일도 다르지만 공통적으로 '나'에 대한 얘기를 하고 있었다. 난 항상 '내가 보는 세상'이 중요하다. 사건 그 자체, 정보 그 자체가 아니라 그 속에 담긴 의미를 캔다. 의미란 주관적이고 고유하다. '나만의 것'을 가장 빠르게 만들어준다.

회사 일에 왜 영혼이 담기지 않을까? 내 관점, 내 의미, 내 색깔이 들어가지 않은 남의 것이니까. 업무는 손에 익고 주변 동료와도 가까워지지만 그 일에는 내가 없다. 수직적인 분위기 속에 목소리는 힘을 잃고 오로지 정해진 업무를 정해진대로 했는지로 평가된다. 실수를 잡아내려는 관리자만 넘쳐나고 가슴 뛰는 비전을 제시하는 리더는 없다.

일에 의미를 담는 활동은 단순한 이상이 아니라 현실적인 문제로 다가온다. 앞으로는 전문성이 없으면 살아남기 어렵다. 최근 대기업을 중심으로 수시채용 제도가 도입되고 있다.

대기업 10대 그룹 중 5개가 이미 공채를 폐지했다. 스펙 좋은 사람을 뽑아서 아무 부서나 배치하는 시스템이 아니라, 그 직무에 맞는 인재를 채용하겠다는 거다.

코로나 사태로 인해 인력의 아웃소싱, 글로벌 소싱이 활발해진다. 재택근무가 가능하다면 국경을 넘어 해외에 있는 인력을 활용할 수도 있기 때문이다. 아예 인공지능과 로봇을 이용해 업무를 자동화하는 기업도 늘어나고 있다. 해외 생산시설을 미국 국내로 들인 나이키가 대표적이다. 나이키 공장에는 사람이 거의 없다. 생산기계를 관리할 소수 인원을 제외한다면 말이다.

사무직도 마찬가지다. 회사에서 업무를 할 때마다 드는 생각 하나. '이거 충분히 인공지능으로 대체가 가능하겠는데?' 창의성이 필요한 영역도 있지만 단순 사무직은 얼마든지 자동화가 가능하다. 더구나 자동화 프로그램은 매일같이 실수를 달고 사는 나와는 달리 오류가 없다. 인공지능 프로그램의 가격이 저렴해지고 경영자의 의욕만 있다면 내 자리는 금세 없어질 수 있다. 회사에서 쓰고 있는 구닥다리 시스템이 역설적으로 일자리를 지켜주고 있다.

책 〈그냥 하지 말라〉는 '나만의 것'을 꼭 가지라고 말한다. 이는 현실적인 밥벌이의 문제다. 기능적인 숙달만으로는 금방 대체된다. 변호사나 회계사 같은 전문직도 인공지능에 자리를 위협받는 시대다. 같은 일을 하더라도 얼마나 가치를 담아내느냐가 중요하다. 스토리를 넣어도 좋고, 전문성을 풀어내도 좋다.

소비자 관점에서 봐도 알 수 있다. 이제 소비는 자신을 표현하는 수단이 된다. 소셜미디어를 통해 모든 게 다 공유된다. 어떤 브랜드를 선호하는지, 어떤 유튜브 채널을 구독하는지, 어떤 책을 읽는지를 보면 나라는 사람이 보인다. 취향이 점점 세분화되고 스펙트럼도 넓어진다.

사무실 책상에 앉아 스스로에게 묻는다. "나는 나만의 것이 있을까?"

퇴사는 최소한 내가 선택했으니까

얼마 전 회사 동료와 커피를 한잔 했다. 연말쯤 퇴사를 하겠다고 하니 여기 다니면서 뭐가 가장 힘들었냐고 묻는다. 일과 사람 중 뭐가 더 힘드냐고 물어보면 거의 열에 아홉은 사람이 더 힘들다고 말한다. 잔소리하는 상사, 갑질 하는 고객, 은근히 나를 무시하는 후배 등. 사람은 세상의 모든 기쁨과 고통을 동시에 안겨주는 존재다.

조금 더 구체화해보자. 회사를 나가더라도 사람 때문에 힘든 나날은 계속된다. 바깥 세상에서 수많은 이를 만나 관계를 맺기 때문이다. 난 일일이 간섭하는 사람이 참 힘들다. 주체성을 잡고 흔들며 행동을 제약한다. 그런 일을 겪을 때마다 내면이 한순간에 끓어오르는 경험을 한다. 마스크를 쓰고 다녀 망정이지 표정도 굳는다.

일의 성격보다 중요한 건 그 과정에 주인으로서 참여했는지, 아니면 노예처럼 시키는 대로만 했는 지다. 작은 일이라도 직접 빚어내며 주인이 되어가는 과정. 그게 내가 그리는 이상적인 일의 모습이다. 퇴사를 결심하고 당장의 이직을 포기한 것도 이런 이유에서다. 나의 이상을 따라 스스로 살 길을 찾아야 하니까.

퇴사를 하겠다고 하면 회사 바깥도 똑같다고 말한다. 그건 맞기도 하고 틀리기도 하다. 당장의 현실만 놓고 보면 회사 밖이나 안이나 비슷하다. 어차피 경제적인 활동을 해야 하고, 그 과정에서 사람과 엮이게 되고, 힘든 나날은 계속된다. 다만 고통을 선택할 자유는 있다고 믿는다. 사람마다 다른 예민함의 포인트도 무시할 수 없다. 똑같이 매운 음식이어도 잘 먹는 사람과 못 먹는 사람이 있듯이.

중국의 한 왕궁에 새가 날아왔다. 그 지역에서 길조로 여기는 새인지라 황제는 연회를 열어 술과 고기를 대접했다. 새는 구슬프게 울며 힘들어하다 결국 죽고 말았다. 상대를 위한다는 말이 더 큰 상처를 주기도 한다. 차라리 가만히 지켜보는 게 나을 때도 있다.

하지만 자신의 일에는 무작정 침묵할 수 없다. 인생에 책임을 져야 하기 때문이다. 사는 게 원래 고통이라지만 최소한 어떤 고통을 받을지 택해야 한다. 퇴사는 도피도, 회피도 아니다. 그저 한 고통에서 다른 고통으로, 한 삶에서 다른 삶으로 옮겨가는 과정일 뿐이다. 어딜 가도 힘들다면 차라리 내 발로 나가고 싶다.

사실 회사를 다니는 삶도 충분히 고통스럽다. 사람에 치이고 조직의 논리에 치인다. 언제 해고를 당할지, 언제 부서이동을 할지, 언제 똑똑한 후배가 치고 올라올지 걱정해야 한다. 도망친 곳에 낙원은 없다지만 도망치지 않아도 고통은 이어진다.

평생 대기업을 다니다 하루아침에 해고 통보를 받은 분이 있다. 울타리 밖으로 나가니 명함도, 인맥도, 월급도 한순간에 끊겨버린다. 회사가 제공하는 울타리가 영원할 거라고 착각하면 안 된다. 수용 가능한 고통을 등에 지고 나를 지켜줄 울타리를 세워야 한다.

변화는 변수가 아닌 상수다. 요즘은 그 변화의 속도가 더 빨라지고 있다. 그냥 하는 말이 아니라 피부로 느껴질 정도다. 10년 전, 아니 2년 전만 해도 상상도 할 수 없던 세상에서 살고 있지 않은가.

송길영 부사장은 이 시점에 '현행화'를 해야 한다고 말한다. 신념, 삶의 태도, 커리어를 변화하는 현실에 맞추지 않으면 살아남기 어렵다는 말이다. 지금의 현실도 시간이 지나면 과거가 되고 세상은 이미 한참 나아간 뒤다.

코로나 시국이 끝나자마자 저녁 회식을 3차까지 이어가고, 신입사원 재롱잔치 워크숍을 펼치는 회사가 있다면 어떨까? 물론 다닐 사람은 계속 다니겠지만 누군가는 이직이나 퇴사를 결심한다. 능력 있는 핵심인재는 탈출을 꿈꾸고 여기 아니면 갈 데가 없는 직원은 조직에 남는다. 절이 싫으면 중이 떠난다지만, 중이 계속 떠나면 절도 유지되지 못한다.

어린 내가 묻는다. '커서 뭐 될래?'

버스를 타고 집에 오는 길. 고등학생 두 명이 뒤에 앉는다. 대학 원서를 넣고 오니 기분이 이상하단다. '교복을 벗고 정장을 입은 자신의 모습이 상상이 안된다, 어른이 되면 어떤 기분일까, 나중에는 무슨 일을 할까 궁금하다' 같은 얘기를 한다. 이미 어른이 된 나도 똑같은 고민을 한다. 더 큰 어른이 되면 뭘 하고 있을까? 아직 대답할 자신이 없다.

저 아이들도 어른이 되어 세상 밖으로 나가겠지? 어떤 풍경이 펼쳐질까? 버스에서 내렸다. 선선한 밤공기를 맞으며 지난날을 떠올렸다. 아무것도 모르던 학생 시절부터 회사에 다니고 있는 지금, 그리고 아직은 뿌연 미래까지. 짧은 시간이었지만 머릿속은 긴 여행을 다녀왔다.

만약 어린 시절의 나를 만나면 무슨 이야기를 들려줄까? 미래의 내가 눈앞에 나타난다면 어떤 조언을 할까? 아마 그때나 지금이나 힘들고 불안하다고 하지 않을까? 동시에 어떻게든 인생은 살아지고 시간은 간다고 말해주겠지. 현재를 충만하게 살고 방향을 잘 설정해서 뚜벅뚜벅 걸어가라고 하겠지.

현실에서는 미래의 나도, 과거의 나도 만날 수 없다. 대신 다른 사람을 만날 수는 있다. 손만 뻗으면 닿을 거리에 수많은 이들이 있다. 비슷한 고민을 하고, 비슷하게 힘들어하는 사람들. 저 사람들을 도와줄 수 있다면 얼마나 좋을까? 그들에게도 나에게도.

위로를 받고 싶으면 위로를 하면 되고 도움을 받고 싶으면 도움을 주면 된다. 누군가를 가르치면서 내가 배우는 것과 비슷한 이치다. 줘야 받을 수 있고, 베풀어야 얻을 수 있다.

퇴사 이후 같은 처지에 있는 사람을 도와야 한다는 결론에 이르렀다. 특별히 잘나서가 아니다. 퇴사 결정을 조금 더 먼저 했을 뿐이고, 그 과정에서 어떻게 살아갈 수 있을까 고민했을 뿐이다. 고민의 흔적이 쌓이면 남에게 공유할 수 있다. 그렇게 불안하게나마 홀로 설 수 있다.

여유가 있어야 남을 도울 수 있다고 말한다. 적어도 경제적 측면에서는 맞는 말이다. 지갑에 땡전 한 푼 없는데 남에게 선뜻 돈을 내어줄 수는 없다. 하지만 마음의 여유는 지갑이 아니라 도움에서 온다. 타인을 돕는 건 이타적이면서 동시에 이기적인 행동이다. 나도 성장하면서 동시에 행복과 의미도 얻을 수 있다. 자신을 크게 갉아먹는 게 아니라면 손해 볼 일이 없다.

일을 지속하려면 사명이 있어야 한다. 재능이나 능력보다도 어떤 사람을 어떻게 도울지가 더 중요하다. 마케팅 관점에서 보면 타겟팅(Targeting)이다. 천직을 찾고 만들어가는 과정에서 필수적인 절차다. 좋아하는 일로 남을 돕고, 그 과정에서 수익도 창출한다. 어쩌면 가장 이상적인 일의 형태가 아닐까.

어린 날의 내가 묻는다. 커서 뭐가 될 거냐고. 난 누군가를 돕는 사람이 되고 싶다. 인생의 의미와 충만함을 찾아 헤매고, 직장에서 만족하지 못하며, 천직을 만들어가고 싶은 누군가를 말이다. 퇴사 이후엔 남는 게 시간이니 이것저것 시도할 일만 남았다. 걱정 반 기대 반의 심정으로.

지금 일에 비전이 없다면

책 〈인디펜던트 워커〉에는 각자의 분야에서 자신의 일을 하는 사람들이 등장한다. 일하는 방식도, 내용도 다르지만 두 가지 공통점이 있다.

1. 일과 삶을 일치시키며 산다.

2. 비전을 가지고 일한다.

일을 할 때 명확한 비전이 있다는 게 인상적이다. 업무에 있어 올바른 방향을 설정하고 꾸준히 나아가는 것. 흔히 말하는 브랜딩의 모습이기도 하다. 다만 비전은 브랜딩보다도 더 깊은 개념이다. 특정한 상(像)에 맞는 전략적 노출이 브랜딩이라면, 비전은 조직이 존재하는 의미다.

어떤 조직은 자신의 존재 의의를 매출 증대나 주주 부의 극대화에 두기도 한다. 경영학에서 가르치는 기업의 존재 이유이기도 하다. 개인도 마찬가지다. 어떻게든 돈을 많이 버는 게 지상과제가 된다. 그런데 그런 목표가 과연 장기적인 관점에서 비전이 될 수 있을까? 사람은 일에 의미가 없다고 생각하면 소모된다. 한마디로 갈려나간다. 양적으로는 성장하더라도 내면은 공허하다.

지금의 회사가 그렇다. 오로지 저번 달보다 매출이 늘었는지, 상사의 지시사항을 얼마나 충실히 따랐는지가 중요시된다. 동기부여가 되지 않는다. 목표를 이뤘다고 해서 뿌듯하지도 않다. 내년에는 목표 수치만 커질 뿐이니까.

개인에게도 비전은 중요하다. 일을 하는 이유가 명확하지 않다면 쉽게 지쳐버린다. 번아웃 증후군은 단순히 일이 많아서 오는게 아니라 무의미한 일에서 오는 거부반응이다. 일의 강도 자체가 세지 않더라도 번아웃이 오는 이유가 여기에 있다. 아무리 취미생활을 많이 해도 일 자체가 만족스럽지 않다면 버티기 어렵다.

비전이 없으면 행동으로 이어지지 않는다. 특정한 목표를 이루려면 꾸준하게 해야 하는데 말이다. 조금만 힘들면 엎어지고 탈출을 꿈꾼다. 그렇다면 비전을 어떻게 정의하고 찾을 수 있을까? 사람은 아무 이유 없이 세상에 던져진다. 실존주의 철학은 '실존이 본질에 앞선다'라고 표현한다. 이 땅에 태어난 이유(본질)보다 그저 이유 없이 존재(실존)함을 먼저 받아들여야 한다는 말이다.

허무주의와 실존주의를 가르는 이정표는 '삶에 얼마나 의미를 부여할 수 있는가'다. 인생에는 이유가 없지만 의미와 가치는 스스로 부여할 수 있다. 이 타이밍에 비전이 등장한다. 개인이든 조직이든 명확한 비전을 가지고 일하면 지치지 않는다. 비전은 단순한 목표와는 달리 설령 이뤄내지 못하더라도 그 자체로 의미가 있다. 의미를 향한 발걸음만이 일에 의미를 부여하기 때문이다.

10억을 벌어서 조기 은퇴를 하든, 가만히 누워서 월 천만 원을 벌든 비전이 없다면 무슨 소용이 있을까? 돈을 버는 건 나쁜 게 아니다. 다만 목적 없는 돈은 정처 없이 떠돌기 바쁘다. 비싼 명품가방이나 스포츠카를 사도 마찬가지다. 그건 부의 상징물이지 삶의 의미와는 별로 상관이 없다. 소비에서 오는 충만함은 금방 사라진다.

비전을 찾으려면 충만함이 남긴 흔적을 좇아야 한다. 영혼이 한껏 채워지는 느낌, 그게 충만함이다. 시간이 아깝지 않고 소모되지 않는다. 순간에 몰입하게 되고 자유를 경험한다. 여기서의 자유는 속박이 없는 상태라기보다는 주체성에 대한 감각에 가깝다. 이는 기쁨이나 행복과는 다르다. 기쁘지 않더라도 충만할 수 있다. 행복하진 않더라도 의미 있는 시간을 보낼 수는 있다. 조던 피터슨 교수는 행복이 아니라 의미를 찾아 떠나라고 말한다. 자신에게 맞는 고통을 지고 의미 있는 인생을 살아야 한다.

충만함의 선을 잇다 보면 비전과 마주하게 된다. 사실 비전에는 영영 닿을 수 없다. 비전은 정량화된 목표가 아니기 때문이다. 비전은 하늘에 떠있는 북극성처럼 방향을 잡아준다. 아무리 걷더라도 북극성에는 닿을 수 없지만 그 여정에는 분명한 의미가 있다.

나의 비전은 뭘까? 만약 지금 일에 비전이 없어서 퇴사를 하는 거라면, 무엇에 의미를 두고 일해야 할까? 물론 퇴사를 한 직후에는 푹 쉬며 몸과 마음을 돌보겠지만 언젠가는 업무 전선에 다시 뛰어들어야 한다. 돈도 벌어야 하고 시간도 보내야 하니까.

언제 가장 충만함을 느끼는지 복기해봤다. 고요한 자연에 빠져들 때, 주체성을 발휘해 살아갈 때, 인생에 관한 지적인 대화를 나눌 때, 사랑하는 사람과 시간을 보낼 때, 그리고 누군가와 함께 성장할 때. 키워드로 정리하면 다음과 같다.

- 공간: 고요함, 자연
- 형식: 자유, 주체성
- 내용: 인사이트, 지혜
- 관계: 사랑, 성장

파편화된 충만함의 단서를 선으로 이으면 삶의 비전을 나타내는 한 문장이 된다. 조금 억지스럽다면 두세 문장으로 나눠도 좋다.

나만의 비전: 자연 같이 고요한 공간에서 자유와 주체성을 토대로 사랑하는 이와 인사이트를 나누며 함께 성장하기

비전은 근본적인 동기이자 자신을 점검하는 체크리스트가 된다. 예를 들어 어떤 일에 자유나 주체성이 결여되어 있다면

하지 않으려 한다. 물론 살다 보면 싫어도 해야 하는 일이 있지만, 다시 중심을 잡을 때는 비전을 마음에 새기면 된다.

살다 보면 비전도 달라질 수 있다. 충만함을 느끼는 지점이 변하기 때문이다. 상황에 맞게 항로를 계속 수정해야 한다. 다채로운 경험이 필요한 이유도 여기에 있다. 무엇이 충만함을 줄지 모르니까. 사람은 누구나 제한적인 환경에서 살아간다. 찬찬히 영역을 확장하면 된다.

비전이 근사한지 근사하지 않은지는 중요하지 않다. 꼭 세상을 바꿀 필요도 없다. 자기에게 맞는 비전을 발견하는 게 중요하다. 한 가지는 분명하다. 비전을 가지고 일하면 힘든 것과는 별개로 소모되지 않는다. 일을 잘하고 있는 건지 막연한 걱정을 하지 않아도 된다. 비전이 모든 문제를 해결해주는 건 아니지만 적어도 무의미한 시간은 줄여준다. 난 '비전 있게' 일하고 싶다.

파이어족, 괜찮은 걸까

사실 최근 들어 파이어(FIRE)족이라는 특정한 집단으로 묶였을 뿐, 징조는 곳곳에 드러나 있었다.

첫째, 더 이상 직장에서 삶의 의미를 찾지 않는다. 특히 MZ세대 입장에서 직장이란 독립을 위해 잠시 머무르는 공간이지, 삶 전체를 걸만한 대상은 아니다. 평생고용 시대도 끝난 데다 취업 경쟁도 치열해져 인생을 더 이상 책임져줄 수 없기 때문이다.

둘째, 코로나 사태로 자산 가격이 폭발적으로 상승했다. 감염병이 전 세계를 덮치며 실물경제는 침체기를 겪는다. 갈 곳을 잃은 막대한 현금이 주식이나 부동산 같은 투자자산에 몰리며 가격이 큰 폭으로 올랐다. 반면 대부분의 기업은 상황이 어렵다며 임금을 동결하거나 구조조정을 단행한다. 여기에 물가 상승이 맞물리며 근로 소득의 매력도는 더 떨어진다.

셋째, 저성장 시대에 돌입하며 자기자신을 더 열심히 몰아붙인다. 몇 년 전만 해도 현재의 삶을 즐기자는 욜로(YOLO)족이 주목을 받았으나, 이제는 반대로 오늘을 희생해 생존 가능한 내일을 꿈꾸는 사람의 수가 늘어났다. 잘 사는 건 바라지도 않는다. 살아남아야 한다.

파이어(FIRE)족은 크게 두 가지 키워드로 이루어져 있다.

1. 경제적 독립 (Financial Independence)

2. 조기 은퇴 (Retire Early)

경제적인 독립을 통해 조기 은퇴를 하여 자기가 원하는 인생을 살겠다는 강한 열망을 지닌 집단이다. 그래서 파이어족 하면 보통 수익률에 방점이 찍힌다. 얼마의 종잣돈을 모으면 몇 퍼센트의 수익을 통해 평생 먹고살 자유를 얻을 수 있다거나, 적어도 40살 이전에는 완전히 은퇴를 해야 한다는 식의 담론이 대부분이다. 특히 파이어족을 조명하는 미디어에서 이런 경향이 두드러진다.

다만 파이어족이 되기 위한 방법보다 중요한 건 따로 있다. 바로 독립을 결심하게 된 동기, 그리고 독립 이후의 이야기다. 나는 왜 경제적으로 독립해야 할까? 그리고 독립하고 나서는 어떻게 살아갈까? 이 질문에 대한 대답을 기반으로 차근차근 실행한다면 파이어족 담론에도 분명 의미가 있다. 인생은 '그리고 행복하게 살았습니다'에서 그치지 않는다. 잔인하게도 계속 이어진다.

과거에는 대략 50~60살까지 일하다가 은퇴를 하여 70~80살까지 살았다. 평생을 한 직장에서 일하는 게 미덕인 시대였다. 자기 명의의 집 한 채를 가지고 노후를 보내는 게 유효한 전략이었다. 하지만 시대가 변했다. 평균수명이 늘어나고, 퇴직 시점이 점점 당겨지며 기존의 공식으로는 삶을 꾸려가기가 어려워진다. 그래서 직업적 안정성이 높은 공무원이 각광을 받는다. 다른 한쪽에서는 창업이나 투자를 통해 경제적 독립을 이루려 한다.

이런 상황에서 파이어족 담론은 시대의 자연스러운 흐름일지 모른다. 기나긴 인생을 보다 더 알차게 보내겠다는 욕망. 회사가 삶을 책임져주지 않으니 스스로의 힘으로 먹고 살아야 한다는 간절함. 다만 여전히 아쉬운 점은 있다. 파이어족 담론은 현재가 아닌 미래에 초점을 맞추지만 아이러니하게도 미래에 대한 얘기는 거의 없다. 경제적인 자유만 얻으면 모든 문제가 해결될 것처럼, 빠르게 은퇴하면 삶이 나아질 것처럼 말한다. 누군가에게는 맞는 말이지만, 다른 누군가에게는 아닐 수 있다.

평균 수명이 길어진 상태에서 빠르게 은퇴하면 남은 세월을 어떻게 보내야 할까? 파이어족 담론은 이 시점에 갑자기 두 손을 떼어버린다. 사실 파이어족 담론이 모든 비난을 받을 이유는 없다. 일정한 목표까지만 길을 보여주면 된다. 이후의 일은 상상에 맡기거나 아예 언급을 하지 않는다. 목표의식이 흐려질 수 있으니까. 지금 당장 소비를 극단으로 줄여 조기 은퇴를 해야 하는데, '은퇴하고 뭐하지'식의 배부른 소리를 할 수는 없다. 그런 의문은 거추장스럽다. 수험생한테 '나는 왜 공부하지'라는 질문이 사치인 것처럼.

그런데 이게 맞는 걸까? 인생은 동화책이 아니다. 뭔가가 끝나도 계속 이어진다. 경제적인 독립을 이루는 건 어렵지만, 설령 성취하더라도 여전히 다음 목적지가 필요하다. 누구나 경제적인 독립을 이루고 싶어 한다. 모두가 자기가 원하는 일을 하고 싶어 한다. 파이어족 담론은 그 당연한 욕망에 대한 새로운 표현일 뿐이다.

걱정스럽다가도 한편으로는 반갑다. 대안적 삶에 대한 힌트를 제공해주니까. 한국 사회는 유독 정답을 강조한다. 정해진 틀에 맞춰 각 단계마다 과업을 이루어 내야 하고, 그러지 못하면 사회적인 압력이 가해진다. 문제는 그 과업이 개인의 희망이 아닌 집단의 요구로 생긴다는 데에 있다. 다들 그렇게 살아왔다.

그 과정에서 개인의 목소리는 철저히 묻힌다. 더 나아가 집단의 욕망을 자신의 욕망으로 착각하는 지경에 이르렀다. 이제는 대안이 필요하다. 대안적 삶이란 다양한 가치가 존중되는 걸 말한다. 선택지를 제공해 다른 인생을 살 수 있게끔 해야 한다. 남에게 피해를 주지 않는 선에서 자신의 인생을 그 자체로 인정받아야 한다. 꼭 동조하거나 찬성할 필요는 없다. 그저 인식하고 받아들이면 된다. 너는 그렇게 살고 있구나 하고.

변화가 빠르고 혼란스러운 시대다. 10년이면 강산도 변한다는데 요즘은 1년 단위로 세상이 바뀐다. 소위 젊은 세대도 정신이 없다. 이럴 때일수록 자신만의 단단한 신념이 필요하다는 생각이 든다. 변화에는 마음을 열되, 중심을 지키는. 그 어려운 일을 해낼 수 있을까. 오늘도 해답을 찾아 나선다.

돈이 되는 일이 아니라 내가 되는 일

한걸음 다가가면 한걸음 멀어지고, 한걸음 물러서면 한걸음 다가오는 존재가 있다. 돈이 그렇고 사랑이 그렇고 행복이 그렇다. 이들의 공통점 하나. 겉으로 보기에는 달콤해 보이지만 뜯어놓고 보면 이보다 더 씁쓸할 수 없다. 면세점에서 적당히 사 온 술이 든 초콜릿 같다. 이는 두 가지 시사점을 준다. 하나, 때로는 모른 척하고 돌아가야 얻을 수 있는 게 있다. 둘, 모든 사이에는 적절한 거리감이 있어야 한다.

이 두 사실만 기억해도 인생의 많은 부분이 비교적 수월하게 풀린다. 이전에 뜨겁게 품어본 경험도 있어야 한다. 사랑도 구질구질하게 붙들어봐야 이후 적당한 거리를 둘 수 있는 것처럼. 돈도 마찬가지다. 돈은 달콤하다. 때론 중독적이다. 모든 이성적 판단을 마비시킬 만큼. 관계에서는 놀랍도록 능숙한 사람도 돈 앞에서 무너지는 경우가 허다하다. 그게 사람이다. 데여봐야 뜨거운 줄 알고, 찔려봐야 날카로운 줄 안다. 그렇게 하나씩 배워간다.

퇴사를 하니 자연스레 돈에 대한 걱정이 스멀스멀 밀려온다. 어떤 일을 해야 돈을 벌 수 있을까, 잠시 이런 생각도 했다. 아차 싶었다. 이런 생각으로 전 회사를 다녔고 많은 상처를 받지 않았나. 의사결정 기준이 돈이 되었을 때 시야는 좁아지고 바라는 삶과는 점점 거리가 멀어진다. 일을, 그리고 삶을 다시 돌려놓을 필요가 있다. 돈이 되는 일이 아니라 내가 되는 일을 찾아야 한다.

물론 당장 돈이 급하다면 어쩔 수 없다. 뭐든 손에 잡히는 대로 해야 한다. 하지만 일말의 여유라도 있다면 찬찬히 돌아봐야 한다. 결국 '내'가 되지 않으면 그 일을 지속하기란 어려우니까. 좀처럼 흥미도 생기지 않고 실력을 쌓기도 어렵다.

그럼 내가 되는 일이란 무엇일까? 크게 세 가지 요소로 이루어져 있다.

1. 자율성
2. 성장
3. 기여

내가 되는 일은 스스로 결정해서 처리할 수 있어야 하고, 커리어 혹은 인간적인 성장을 끌어내야 하고, 타인에게 어떤 형태로든 기여해야 한다. 하나라도 결여되어 있다면 모순의 늪에서 허우적거리게 된다.

그럼 돈은? 이런 생각을 할 수 있다. 돈(혹은 거기에 준하는 경제적 보상)이 중요하지 않다는 말이 아니다. 돈은 중요하다. 다만 아까도 살펴봤던 것처럼 돈은 다가갈수록 멀어진다. 의심 많은 고양이를 꾀어내듯 어느 정도 무심해야 한다. 참치캔을 따 놓고 할 일을 하다 보면 살금살금 다가온다. 시간과 인내심이 필요하다.

사실 돈은 일의 부산물에 가깝다. 돈을 벌기 위해 일을 하는 게 아니라, 일을 하기 위해 돈을 버는 것이다. 돈을 벌지 않으면 일을 지속할 수 없으니까. 이런 발상의 전환은 행복에도 그대로 적용된다. 행복하기 위해 사는 게 아니라 살기 위해 행복한 거다. 실제로 뇌는 생존에 유리한 행동을 끌어내기 위해 행복이라는 신호를 이용한다.

나 자신에게 맞는 일의 형태를 고민한다. 일을 하기 위해 돈을 버는 거니까. 일에서 수익이 나지 않으면 지속하기 어렵다. 반대로 돈만 바라보고 일을 하면 (물론 그래야 하는 시기가 있지만) 괴로운 감정이 밀려들어온다. 죽지 못해 사는 인생처럼. 너무 잔인한 형벌이다.

내가 되는 일의 세 가지 요소를 한마디로 요약하면 '영향력'이다. 영향력이 높으면 그만한 책임과 부담을 지지만 일의 만족도는 높다. 반면 아무리 업무가 편하고 보상이 높아도 아무런 영향력 없이 휘둘리기만 한다면 만족도가 낮아진다. 전 회사가 그랬다. 주도적으로 할 수 있는 업무도 없었거니와 자신의 성장이든 사회든 기여하는 바가 적었다. 손발이 묶인 채 바깥만 바라봐야 하는 온실이랄까? 회사를 나온 지금 그 온실의 소중함도 조금씩 알아가고 있지만 후회는 없다.

영향력이 생기면 경제적 보상은 자연스럽게 따라온다. 어떤 분야든 어느정도 위치를 가지고 있다면 말이다. 가만히 있어도 사방에서 기회가 날아온다. 쉽지 않은 경지겠지만 충분히 추구할 만하다. 나에게 맞는 일을 하면서 동시에 돈까지 벌 수 있다니. 가장 이상적인 일의 형태가 아닐까? 그런 상상을 하니 기분이 좋아진다.

퇴사하고 제대로 쉬는 법

Q. 퇴사하고 뭐 할 건데?

A. 일단 좀 쉬려고요.

그렇게 열흘 정도가 흘렀다. 쉼에는 기준이 없다. 얼마나 쉬어야 충분한 걸까? 어떻게 쉬어야 하는 걸까? 뭘 해야 잘 쉬는 걸까? 이런 질문에는 사실 영영 답을 얻을 수 없다. 정답이 없으니까. 일의 형태만큼이나 쉼의 형태도 사람마다 다르다. 단순히 일을 안 하면 쉬는 건가? 회사만 안 나가면 쉬는 건가? 아니면 정말 아무것도 안 해야 쉬는 걸까? 알 수 없다.

쉼의 형태를 정의하는 건 어디까지나 개인의 몫으로 남는다. 인생의 많은 부분이 그렇다. 흔들리는 마음을 바로잡고자 기준을 찾아 헤맨다. 당장 인터넷 게시판만 봐도 알 수 있다.

많은 이들이 자신의 고민을 털어놓고 또 확인받고자 한다. 이 정도면 충분한가? 나 잘 살고 있나? 어디선가 익명의 누군가가 상황을 판단해준다. 그 역시도 누군가의 판단이 필요한 사람일 텐데도. 만족도와는 별개로 어쨌든 답변을 얻을 수 있다.

그런데 유독 쉼 만큼은 아무리 찾아봐도 딱히 정보가 없다. 쉰다는 게 뭔지 제대로 정의되지 않았기 때문이다. 누군가는 쉼 자체를 죄악시한다. 특히 젊은 나이에 쉬는 건 사회적으로 아무런 기능을 하지 않는다는 말이다. 산업화 사회 이후 휴식, 장애, 그리고 백수는 죄악을 뜻하는 단어가 되어버렸다. 휴식은 아무것도 생산해내지 못하니까. 그렇기에 잘못된 것이다.

여전히 산업화 사회, 나아가 농경사회의 의식이 저변에 깔려 있는 한국에서는 유독 이런 인식이 강하다. 조금만 쉬고 있으면 바로 다음 계획을 묻고, 제대로 대답하지 못하면 질타가 날아온다. 당장 먹고사는 데에 문제가 없어도 마찬가지다. 휴식은 오로지 은퇴한 사람에게나 허락되는 특권이다. 존중하는 마음도 있겠지만 어차피 더 이상 무언가를 생산하기 힘드니까. 그래서 어쩔 수 없이 놔주는 것뿐이다.

이런 사회적 분위기를 소위 기성세대의 탓으로만 돌리기는 어렵다. 현실적으로 한국 사회에서는 쉬기 어렵다. 노인 빈곤층이 두텁고, 청년은 계속 자신을 갈아넣어야 한다. 사회적 안전망이 결여되어 있기 때문이다. 어릴 때부터 옆자리의 친구와 경쟁을 부추기고 레이스는 죽기 직전까지 이어진다. 개인의 실패는 오로지 개인의 탓으로 여겨지고 별다른 지원을 받지 못한다. 복지정책이 발달하여 최소한 굶어 죽지는 않는다지만 여전히 사각지대는 존재한다.

제도나 경제적 지원이 따라오지 못하더라도 최소한 의식은 변화할 수 있지 않을까? 물론 알고 있다. 의식의 변화가 더 어렵다는 걸. 그 어디에서도 쉬는 법을 가르쳐주지 않고, 심지어 '생산적으로' 쉬는 방법이라는 자기 계발식 조언이 넘쳐난다. 쉰다는 건 생산을 위해서가 아니라 그 자체를 위해 존재한다. 휴식은 목적이지 수단이 아니다. 길 가는 사람을 아무나 붙들고 물어보자. 다들 인생의 마지막 장에는 휴식을 취하면서 여유롭게 시간을 보내고 싶다고 한다. 만약 휴식이 수단이라면 나올 수 없는 답변이다.

그런데 평생 치열하게 일하다가 모든 걸 놔버리면 그게 올바른 쉼의 방식이라고 할 수 있을까? 금세 헛헛해서 다른 일을 알아보거나 시간만 죽이는 식으로 여생을 보낸다. 물론 어떤 삶의 형태든 그 자체로 존중받아야 하지만 쉼에 대해 미리 생각할 수 있다면 좋지 않을까?

쉼에 관한 가장 큰 오해는 일과 대립구도로 보는 관점에서 온다. 일을 하지 않는 상태가 곧 휴식이라는 거다. 그래서 이른바 인생 2막을 꿈꾸는 이들이 내놓는 답변은 해외여행이나 전원생활이다. 그동안 살던 지역에서 아예 시공간적으로 분리되어야만 쉴 수 있으니까. 코로나 사태 이전, 매년 최다 이용객수를 갱신하던 인천공항을 생각해보자.

그런데 일과 쉼이 꼭 분리될 이유가 있을까? 쉼이란 시간을 바라보는 하나의 관점이다. 번아웃이 올 때까지 자신을 착취하다가 뻗어버리는 건 회사가 바라는 모습이지 나를 대하는 올바른 방식이 아니다.

퇴사를 한 이후 일과 삶과 쉼의 균형을 찾아가는 중이다. 딱히 그 사이를 칼같이 구분하지 않는다. 집단을 다루는 데는 명문화된 기준이 유용하지만 개인은 다른 방식으로 돌아간다. 내가 나 자신을 규율해야 한다면 기준을 위한 기준을 세울 필요는 없다. 인생의 충만함과 의미, 그리고 행복을 추구한다면 말이다. 그 자체로 따를만한 가치를 스스로 정하고 거기에 맞춰 삶을 꾸려가면 된다.

그래서 얼마나, 어떻게, 무엇을 하며 쉴지 딱 잘라 규정하기는 어렵다. 지쳤다면 조금 더 긴 휴식이 필요할 거고, 일과 병행할 수 있다면 그렇게 하면 된다. 불안함은 감정이면서 타인이 좋아하는 향신료다. 한국 사회에서 유독 공포 마케팅이 잘 먹히는 이유도 여기에 있다. 일명 FOMO(Fear Of Missing Out; 다른 사람이 하는 일에서 나만 소외되었다는 두려움) 현상이다. 남의 눈치를 봐야 하는 집단주의 문화도 여기에 한몫했으리라.

누군가의 조언을 참고하고 싶다면 초점을 잘 맞춰야 한다. 특정한 숫자를 들이대며 공포감을 조성한다면 나에게는 해당하지 않을 확률이 많다("한 달 이상 공백기가 생기면 인생 망한다"). 반대로 훈화 말씀처럼 너무 추상적인 차원에서만 말한다면 하나마나한 소리가 된다("자기가 알아서 잘하면 됩니다"). 관련하여 많은 인사이트를 접하다 보면 점점 자신의 상황에 맞는 시점을 얻을 수 있게 된다. 스스로 기준을 세워 쓸모없는 정보는 거르고 유효타를 때려야 한다.

나갈 때 퇴사메일 쓰지 말 것

회사를 다니면서 황당한 일을 많이 겪었지만 유독 한 메일이 기억에 남는다. 바로 업무지침으로 내려온 한마디. "퇴사 시 전체 메일 발송 금지." 본래 퇴사자가 모든 회사 동료에게 마지막 메일을 남기는 게 암묵적인 문화였다. 회사를 나가는 소회를 밝히거나 뼈 있는 한마디를 던질 수 있는 마지막 기회랄까. 퇴사 면담이나 대면 인사도 진행되지만 이건 이것대로 나름의 맛이 있다. 모두의 메일함에 흔적 하나를 남길 수 있으니까. 힘들 때마다 종종 다른 이의 퇴직 메일을 읽으며 힘을 얻곤 했다.

퇴사 릴레이가 이어지던 코로나 직전, 위에서 메일이 하나 날아왔다. 퇴사를 할 때 전체 메일을 남기지 말고 조용히 나가라는 지시사항이었다. 이미 회사를 나갈 사람에게 지시를 한다는 게 어이가 없었다. 한 사원이 나가면서 서로 예의를 지키자는 메일을 쓴 게 발단이었다. 회사의 퇴사율도 적나라하게 드러나니 경영진 입장에서는 참으로 틀어막고 싶었으리라.

 통계마다 차이는 있지만 전체 퇴사자의 약 30~40% 정도가 1년 이내에 회사를 나온다고 한다. 물론 전 세계를 강타한 코로나 사태 때문도 있겠지만 회사 사정에 의한 퇴사 비율은 생각보다 높지 않다. 대부분은 대인관계 스트레스, 업무 불만, 적은 연봉 등을 이유로 꼽았다. 사직서를 항상 품고 사는 게 직장인이라지만 요즘은 시기가 너무 빨라진 게 문제다.

 혹자는 이를 소위 MZ세대의 특성으로 꼽곤 한다. 개인의 자유를 중시 여기고, 열정이 부족하고 어쩌고 하는 세대 담론 말이다. 아이러니하게도 그 세대 담론을 끌고 가는 게 MZ세대가 아닌 기성세대긴 하지만. 반쯤은 맞는 말이다. 그러나 문제가 단순하지 않다. 100명의 퇴사자가 있다면 100개의 퇴직 사유가 있다. 사실 기업 입장에서도 미칠 노릇이다. 신입사원을 기껏 뽑아놨더니 배은망덕하게 탈출을 이어간다면 교육 비용도 그렇고 인력 충원에도 문제가 생긴다.

 '너 말고도 일할 사람 많아'라고는 하지만 퇴사자가 늘어나면 위에서도 질책이 이어지고 퇴사율이 높아져 취업준비생이

기피하게 된다. 기업이 원하는 인재가 이 회사를 선택하는 일이 드물어진다. 여기에 평균 근속연수도 높다면 더더욱 믿고 거르는 회사가 되어버린다. 신입사원은 계속 나가고 고인물만 자리를 꿰차고 있기 때문이다.

기업에서는 대개 퇴사 직전에 붙드는 식으로 문제를 해결하려 한다. 연봉 인상을 제안하거나, 다른 팀으로 순환배치를 약속하거나, 업무량을 줄여주는 식으로. 여기서 접고 들어가는 직원도 적지 않다. 하지만 여전히 많은 사원이 제안을 거부하고 회사를 나간다. 신입사원이야 다시 뽑으면 된다지만 3년 차 이상이 퇴직을 결정하면 회사에도 타격이 크다. 어느 정도 업무가 손에 익은 사람이 나가버리니 실무 전선에 공백이 생긴다. 중간관리자나 경영진도 뽑아야 하는데 선택지가 줄어든다.

여기에 '탈출은 지능순'이라는 자조 섞인 소리가 돌고도는 회사라면 문제는 더 심각하다. 능력 없고 갈 데도 없어서 남아있는 직원만 점점 늘어나기 때문이다. 이런 사람이 연차만 채우고 상사가 되면 신입사원은 '대인관계 스트레스'나 '업무 불만'을 느끼며 열심히 이직 자리를 뒤진다. 신입사원이 자리에 앉아 있어도 안심할 일이 아니다. 첫 직장에서 계속 재직하고 있는 가장 큰 이유는 '이직하려면 버텨야 해서'다.

연봉이나 복지혜택을 올려주면 될까? 이 역시도 쉽지 않아 보인다. 물론 아까도 말했듯 누군가는 남는다. 하지만 회사가 정말 붙잡고 싶은 인재는 뿌리칠 개연성이 높다. 최근 1~2년

사이에 공무원 퇴사 키워드가 떠오르고 있다. (정식 명칭은 의원면직이다) 공무원은 퇴사 자체가 존재하지 않는 세계라고 생각했는데 그 전제에 금이 가고 있다. 그런데 그 시기가 참 절묘하다. 3~4년 전부터 소위 '명문대' 출신의 공무원 시험 준비가 한참 이슈가 됐다. 물론 전체를 대변할 수는 없겠지만 예전만 해도 찾아보기 힘든 일이었다. 공무원 시험에 어렵사리 합격한 이들이 이제 반대를 무릅쓰고 의원면직을 신청한다.

부모님을 비롯한 주변에서는 이해하지 못한다. 공무원 경력을 살려 어딘가에 재취업하기도 어렵다. 애초에 평생직장의 마지막 보루가 아니던가. 공무원도 이제 변하고 있다. 높은 근속연수에 따른 적체, 잦은 순환배치에 따른 전문성 결여, 수직적이고 고압적인 분위기, 갈수록 줄어드는 공무원 연금 수령액, 충분하지 않은 월급, 겸직 금지 조항까지. 소위 MZ세대가 기겁할만한 특성은 다 갖추고 있다.

기업은 대개 위생 요인(Hygiene Factor)으로 퇴직 문제에 접근한다. 이는 조직행동 이론에서 나온 개념으로 직무태도에 영향을 주는 여러 요소를 두 가지 카테고리로 구분한 것이다. 위생 요인으로는 연봉이나 복지, 근무환경, 안정성이 있다. 대부분 근로자 외부에서 온다.

반대로 근로자 내에서 작용하는 동기 요인(Motivation Factor)도 있다. 성취감이나 인정, 책임감, 성장 가능성이 여기에 해당한다. 이 이론이 1960년대 말에 나왔다는 점을 고려한다면 비단 MZ세대에만 국한되는 내용은 아니다.

누군가는 분명 배부른 소리로 치부할 수 있다. 이렇게 먹고 살기 어려운 시대에 동기부여가 뭐 그렇게 중요하냐고 반문한다. 하지만 현실적으로 직원이 하나둘씩 기업에서 탈출하고 있다. 요즘 애들 운운하며 비판할 시점은 지났다. 이제 고민의 지점은 '어떻게 하면 남아 있을 만한 회사가 될 수 있을까'가 되어야 한다. 코로나 사태 이후 미국에는 역설적으로 구인난이 찾아온다. 자산 가격의 상승, 대국민 지원금 및 복지정책의 여파로 웃돈을 줘도 사람을 구하기 힘든 상황이 펼쳐진다.

아직까지 구직난에 시달리는 한국에서는 머나먼 얘기처럼 보인다. 하지만 저출산과 노령화가 함께 만들어가는 인구절벽 현상, MZ세대를 중심으로 한 가치관의 변화가 지속적으로 영향을 미쳐 차츰 '사람이 귀한 사회'로 변화할 것이다. 물론 이러니 저러니 해도 네임벨류나 연봉, 복지제도는 중요하다. 그리고 '너 말고도 뽑을 사람 많아'식의 마인드도 당분간 유효하다. 전에 다니던 회사에서도 쉽게 볼 수 있었고 많은 이들이 퇴사를 결심했다. 주로 사원에서 대리급까지. 한참 실무를 하느라 정신이 없을 시기다.

나간 사람을 떠올려보니 가장 일 잘하고 똑똑한 (물론 나간다고 해서 다 유능한 건 아니지만) 사람들이었다. '요즘엔 나가는 게 능력이야'라는 말이 실감이 날 정도로. 이는 조직 관점에서도 굉장한 손해다. 지금과 같은 저성장 기조가 심화되고 갈수록 업무에서의 창의성을 요구하게 된다면 말이다. 위에서는 성과를 내라며 쥐어짜고, 질린 이들이 퇴사를 감행한다. 여기에 수직적인 군대 문화, 인사 적체, 소통의 부재, 불공정한 성과 배분, 낡디 낡은 업무 프로세스 등 여러 문제가 산적해있다면 더더욱. 이렇게 쓰고 보니 퇴사가 전혀 후회스럽지 않다. 퇴사 메일을 쓰지 않은 건 조금 아쉽지만 어쩌겠는가. 여기에라도 하고 싶은 말을 적었으니 됐다. 그럼 다들 잘 계시길.

월요병 없는 월요일

직장을 한창 다니던 시절, 한 동기가 그런 말을 한다. 자기 친구는 주말을 참 싫어한다고. 왜 그러냐고 물어보니 '주말이 끝나면 바로 월요일이 찾아와서'라고 한다. 그래서 주말을 기다릴 수 있는 목요일을 제일 좋아하고 금요일 저녁부터 기분이 안 좋아진단다.

월요병의 영어식 표현인 Monday Blues나 Blue Monday도 있는 걸 보면 월요일에 대한 거부감은 동서양을 초월하는 문제인가 보다. 월요병과 비교할만한 다른 증상(?)으로는 목요병 정도가 있다. 일주일간의 피로가 누적되었지만 아직 주말이 되려면 하루가 더 남은 탓이다. 실제로 설문조사를 해보면 가장 피곤하거나 행복감이 낮은 요일로 목요일과 월요일이 꼽힌다.

모 방송사에서는 월요병이 심하면 일요일에 출근해서 잠깐 일하면 도움이 된다는 뉴스를 내보내 많은 질타를 받았다. 사실 팩트만 보면 맞는 말이다. 주말 동안 달라진 생체리듬을 다시 업무 모드로 돌려놓으면 월요병은 확실히 덜어진다. 하지만 어쩐지 숙취에는 해장술을 마시라는 처방만큼이나 무책임해 보인다. 일 때문에 힘든데 그걸 더 많은 일로 덜어내라니.

월요병을 유발하는 요인은 크게 두 가지다.

1. 주말 동안 깨져버린 생체 리듬
2. 직장에 대한 불만족

생체 리듬이야 적절한 휴식과 규칙적인 숙면 등으로 어느 정도 해결이 가능하다. 하지만 직장에 만족하지 못하고 있다면 더 깊은 차원의 해결책이 필요하다. 사실 직장에 대한 불만은 꽤나 여러 국면으로 존재한다. 업무, 상사, 동료, 사내 문화, 급여 및 복지, 근무시간, 통근거리 등 나열하자면 끝이 없다. 일을 아예 안 할 수는 없으니 어떻게든 몸을 이끌고 가야 하는데 월요병이 매주 도진다면 큰일이다.

전 직장을 3년간 다녔으니 약 150번의 월요일을 맞이했다. 그렇다고 매주 월요병에 고통받은 건 아니었다. 현재는 스타트업에 다니고 있는데 아직까지 월요병의 조짐은 없다. 그럼 난 어떻게 월요병을 이겨냈을까? 회사에 대한 충성심이나 젊은이로서의 열정은 단연코 아니다. 월요병에는 조금 더 전략적인 처방전이 필요하다.

낯선 곳에 여행을 가면 몸의 리듬이 깨진다. 해외로 나가면 시차가 있고, 이동하는 시간도 길어서 평소와는 다른 환경에 놓이게 된다. 그 와중에 몸을 사정없이 굴리다 보면 어김없이 몸살이나 피로감이 찾아온다. 안 그래도 체력이 약해 항상 여행지에서 조심하는 편이다. 여행 첫날에는 숙소에서 쉬거나 주변을 가볍게 돌아본다. 일정도 빡빡하지 않게 짠다. 날씨가 안 좋으면 무리해서 돌아다니지 않는다. 이런 식의 몇 가지 원칙만 지켜도 쌩쌩하게 다녀올 수 있다.

평일 동안 팽팽한 고무줄처럼 긴장된 몸과 마음이 주말 동안 풀어지는 게 월요병의 근본 원인이라면 어떻게 해야 할까? 보통은 주말을 손보기 마련이다. 주말에도 알람을 맞추고 휴식을 취하고 일찍 잠에 든다. 어쩐지 아쉬운 마음이 든다. 왜 그럴까? 주말은 평일을 보상받는 시간이기 때문이다. 평일 동안 고생한 나 자신을 위해 가능하면 최선을 다해 쉬고 놀아야 한다. 그런 보상심리가 주말을 불태우게 만든다.

그럼 주말에 일이라도 해야 할까? 당치도 않다. 그럼 어떡해야 하지? 사실 힌트는 평일에 있다. 직장생활에서 오는 불만이 평일을 더욱 힘들게 만든다. 평일을 보상받기 위해 주말을 열심히 보낸다. 그렇게 다시 월요병이 찾아온다. 주말이 아니라 평일에 보내는 시간, 즉 직장에서의 시간을 손봐야 한다.

전 직장에서 월요병이 찾아오지 않았던 순간은 바로 재택근무를 했을 때였다. 물론 조금 피곤하긴 했지만 출퇴근도 없고 상사도 지켜보지 않으니 마음 편하게 업무를 진행했다. 편한 옷을 입고 좋아하는 음악도 틀어놓고 일할 수 있다. 재택근무의 핵심은 보다 더 주체적으로 업무환경을 조성할 수 있다는 데에 있다. 업무에 자율성을 주면 사람은 본능적으로 자신에게 더 맞는 방향을 선택하게 된다.

꼭 재택근무에만 해당하는 건 아니다. 현재 다니는 스타트업에서는 탄력 근무제를 실시하고 있다. 컨디션이 안 좋은데 몸을 억지로 일으킬 필요도 없고, 회사에 일찍 들어가기 싫어서 괜히 밖에서 서성일 이유도 없다. 맞는 시간에 일정 시간 근무를 하고 주어진 일을 잘 마치면 된다.

재택근무나 탄력근무제는 각각 하나의 사례다. 일에서 주체성과 자율성을 갖는 게 가장 중요하다. 월요병이 유독 심한 직장인을 잘 보자. 평소에 주체성도, 자율성도 부여받지 못할 개연성이 크다. 자신의 일이 아니라고 생각하니 몸과 마음에서 거부반응이 일어난다. 주말이나 월급날만 기다리게 되고, 매주 월요병을 두 팔 벌려 맞이한다.

월요병이 매주 누적되면 우울감이 들고 번아웃 증후군이 나타날 수 있다. 번아웃은 일의 강도나 시간이 아니라 일에 의미가 결여되었을 때 고개를 내민다. 어딘가에 기여하고 있다는 성취감, 업무환경을 조절할 수 있는 유연성, 자신의 능력이나 흥미에 맞는 업무 등 일에 의미를 부여하는 방법은 다양하다.

이미 기성복처럼 모든 게 맞춰진 직장에서 이런 혜택을 누리기란 거의 불가능하다. 보통은 내가 직장에 맞춰야 한다. 직장이 네모난 틀인데 내가 날이 잔뜩 선 별 모양이라면 내가 잘못된 거다. 모서리를 깎아서라도 그 틀에 맞춰야 하고, 그만큼 나 자신은 사라진다. 누군가는 이 과정을 별 감흥 없이 이어간다. 직장은 원래 그런 곳이지 하면서 합리화한다.

하지만 세상에 원래 그런 건 없다. 모든 건 변한다. 관료주의적이고 보수적인 조직마저도 시대의 흐름을 따라 부침을 겪는다. 조직이 빠르게 변화하지 않는다면 내가 나설 차례다. 월요병을 매주 참아내도 좋지만 언젠가는 움직여야 한다.

전 돈 때문에 일해요

얼마 전 한 스타트업 대표를 만났다. 체크남방에 청바지, 그리고 슬리퍼. 얼굴에는 자유분방함과 자신감이 묻어난다. 회사에 관한 이런저런 얘기를 하던 중 대표가 말한다. "전 돈이 목표예요. 저희 팀원도 그렇고요. 다들 자기가 사고 싶은 차종이나 살고 싶은 동네, 집의 평수까지 구체적으로 생각하고 있어요. 회사를 잘 키워서 OO사에 매각을 하려고요."

대표는 안정적인 직장을 그만두고 스타트업에 들어갔다. 조직이 커지고 매출은 올랐지만 성과는 공평하게 분배되지 않았다. 사실 리스크를 안고 사업을 시작한 창업자와 월급을 받으며 다니는 직원의 처우가 같을 수는 없다. 그래서 다시 한번 더 퇴사를 했다. 자신이 목표한 큰돈을 벌기 위해. 그는 손가락으로 어딘가를 가리킨다. 그곳엔 최고급 요트와 도심 한복판에 있는 큰 집, 성공한 CEO라는 이미지가 있다.

자신의 욕망을 솔직하게 드러내는 사람을 보면 묘한 감정이 든다. 쿨하고 멋있어 보이면서도 한편으로는 불편하다. 불쾌하지는 않다. '너와 나는 다르다' 수준의 불편함이다. 마치 평소에 먹지 않던 묘한 맛의 사탕을 먹은 기분이랄까. 나이를 어느 정도 먹은 뒤로는 다른 이의 욕망을 함부로 재단하지 않기로 한다. 온갖 미사여구로 포장하는 것보다야 훨씬 낫다.

정말 불편해지는 지점은 타인의 욕망을 함부로 판단하고 훈수를 둘 때부터다. 돈이 좋다고 하면 속물이라고 욕하고 돈이 싫다고 하면 현실도 모르는 철부지라는 비난을 듣는다. 그런 생각을 하는 거야 자유라지만 말이나 행동으로 표현되는 시점에는 주의해야 한다. 그럴 땐 차라리 아무 말 없이 듣는 게 최고다. 어차피 난 널 바꿀 수 없고, 너도 날 바꿀 수 없으니까.

나와는 너무도 다른 그 사람을 보며 배운 건 욕망을 구체화하고 실천하려는 태도였다. 난 왜 일하고 있을까? 어떤 목표가 있는 걸까? 아니면 그저 하루하루 시간을 때우기 위한 방편인 걸까? 그토록 선명하게 무언가를 원하고 있노라고 자신 있게 말할 수 있을까?

내 인생의 키워드는 '충만함'이다. 충만함이란 의미 있는 시간을 그려내는 감정을 말한다. 삶에서 길을 잃었을 때 따라갈 수 있는 나름의 표지판이다. 가능하면 충만하게 살 것. 그게 나 자신의 인생에 해줄 수 있는 유일한 충고다. 돈이 날 충만하게 만든다면 돈을 추구하면 된다. 오랜 기간 관찰한 결과 난 돈으로 충만해지는 사람은 아니다.

돈이 주는 자유, 성취감, 교환가치는 좋다. 애초에 돈이 없으면 생존할 수도 없다. 살아있는 한 계속 돈을 벌고 써야 한다. 다만 인생, 혹은 일의 목표가 돈이라기엔 어쩐지 부족하다. 분명 이 이상의 가치가 있지 않을까? 그렇게 찾아 헤맨다. 책 〈방황하는 사람은 특별하다〉는 이 모든 과정을 방황이라고 표현한다. 세상에는 생각보다 방황하는 사람이 많지 않다. 어떤 경지에 이르면 쉽사리 정착하게 된다. 꼭 만족하지 않더라도 말이다.

하지만 누군가는 현실에 만족하지 못한다. 주변에서 말한다. 이제 그만 헤매고 타협하라고. 억지로 참고 견뎌보지만 오래가지 못한다. 그렇게 나만의 여정을 떠난다. 사실 이런 사람은 소수다. 돈이나 타인의 시선, 관성에 따라 사는 삶은 비교적 쉽게 추구할 수 있다. 사방에서 이렇게 살아야 한다며 부추기고 강제한다. 어쩔 때는 노골적으로, 때로는 은근하게. 사실 특이할 건 없다. 인류 역사 이래로 끊임없이 반복되어 온 장면이다.

당장 눈에 보이는 큰 차, 큰 집, 명예를 포기하고 있는지도 모르는 내면의 충만함을 따라가는 순례길이 쉬울 리 없다. 이런 가치관을 남에게 설명할 때마다 벽에 부딪친다. '아, 그렇구나'하면서 심드렁하게 보는 그 눈빛이라니. 어차피 닿지 못할 이야기를 왜 한 걸까 후회만 남는다.

그러다 말을 알아듣는 사람을 만나면 눈이 번쩍 뜨인다. 흔치 않은 사람이다. 그 어디에서도 이해받지 못했던 존재가 인정받는 느낌이다. 평소에는 고양이 발톱처럼 감추고 살던 생각을 하나씩 풀어놓는다. 방황하는 사람은 흔치 않거니와 자신을 잘 드러내지 않는다. 마음껏 스스로를 내보이기에 바깥은 너무나 냉담하니까.

누구나 볼 수 있게끔 글을 쓰는 이유도 여기에 있다. 가끔이라도 같은 사람을 만나고 싶어서. 존재는 하는 건지 궁금해서. 그냥 그렇게 궁금해서.

업무 + 자유 + 문화 = 직업

사실 퇴사를 하거나 다른 일을 하고 싶다고 하면 타인의 질문은 대개 무엇(What)을 할지에 집중된다. 다음과 같다.

- 그래서 퇴사해서 무슨 일 할 거야?

- 요즘 어떤 직장이 잘 나간다던데.

- 유튜버 하려고? 레드오션이라는데.

물론 이런 질문도 의미가 있다. 서로의 속사정까지 모르는 입장에서는 자연스러운 의문이기도 하다. 다만 순서가 잘못되었다. 문제를 정의하고 이를 해결하려면 우선 스스로에게 왜 이것이 문제인지 물어야 한다. 그러고 나면 자연스레 어떻게 해결할지가 도출되고, 무엇을 할지도 구체화된다.

왜 그것이 문제인가 (Why) → 어떻게 해결해야 하는가 (How) → 이제 무엇을 해야 하는가 (What)

이전 글을 통해 문제(퇴사와 그 후의 일)를 정의하고 그 기저에 있는 동기를 살펴보았다. 동기는 크게 세 가지로 나눠진다.

1) 업무

2) 경제적 자유

3) 문화

내가 퇴사를 한 이유는 1) 업무가 내 흥미와 재능에 맞지 않아 동기부여가 되지 않고 2) 월급만으로는 경제적 자유를 얻을 수 없고 3) 같이 성장하며 협력적으로 업무 할 수 있는 사내 문화가 형성되어 있지 않아서다. 물론 알고 있다. 대부분의 국내 기업이 위의 조건을 만족시켜주지 못한다는 사실을. 그래서 자연스레 '이직을 하기 위한 퇴사'가 아닌 '다른 직업을 갖기 위한 퇴사' 쪽으로 방향을 틀었다.

뭔가를 온전히 준비해서 나오기에는 회사 생활이 괴롭다. 그러다보니 쉽사리 번아웃이 된다. 퇴근 후에는 거의 한 시간 동안 침대에서 일어나지 못하고, 지친 몸을 이끌고 이것저것 해봤지만 내 체력으로는 한계가 있다. 직장에 발을 걸치고 있다 보니 안정성은 있지만 한편으로는 안주하게 되는 단점도 있다. 천상 귀차니스트인 나에겐 조금 더 센 처방이 필요하다.

난 모두가 퇴사를 해야 한다고 생각하지 않는다. 퇴사를 하든 하지 않든 다음 스텝에 대한 고민은 계속해야 한다. 책 〈생각이 너무 많은 서른 살에게〉을 쓴 김은주 작가는 이직을 꼭 하지는 않더라도 입사 지원은 해보라고 조언한다. 이력서를 넣다 보면 자기 현재 위치도 알 수 있고 세상을 보는 눈도 더 넓어진다.

작가의 말처럼 우린 누구나 저마다의 우물에 들어있는 개구리다. 하지만 계속 그곳에만 있으리란 법은 없다. 사람은 닥치면 어떻게든 하게 되어있다. 나 역시 (남들이 보기엔) 무작정 퇴사했지만 운 좋게 스타트업에서 파트타임으로 일하고 있다. 이 다음에 무슨 일을 할지도 계속 고민하고 시도하는 중이다. 돈을 어느 정도 모아두었고, 본가에 들어와 생활비를 아낄 수 있게 되어 가능한 일이었다. 번지점프를 하기 전에는 다리에 줄이라도 묶어야 한다.

  구체적인 직업명을 대라고 하면 아직 할 말이 없다. 그저 막연하고 두루뭉술하게 대답할 뿐이다. 조금 더 구체화하고 싶다. 소소하게나마 결과물을 보여주고 싶다. 지금 쓰고 있는 이 책이 첫 시작이다. 나 자신을 '어쨌든 글 쓰는 사람'으로 정했다면 뭐라도 해야겠다는 마음에서다.

  '그래서 퇴사하고 뭐하려고?'라는 질문에 당당하게 대답할 수 있는 날이 오기를. 하고 싶은 일을 하면서 경제적 자유도 얻는 꿈을 이룰 수 있기를.

내 일은 이래야 한다

  직업의 정의를 사전에서 찾아보면 '생계를 유지하기 위하여 자신의 적성과 능력에 따라 일정한 기간 동안 계속하여 종사하는 일'이라고 나와있다. 이 정의에서 집어낼 수 있는 포인트는 크게 세 가지다.

- 생계유지

- 자신의 적성과 능력 발휘

- 일정 기간 동안 계속 종사

반대로 말하면 경제적인 가치를 창출하지 못하거나, 자신의 적성과 능력을 발휘하지 못하거나, 일정 기간 동안 종사할 수 없다면 그건 직업이라고 말할 수 없다. 이 당연한 사실을 잊으면 직업과 취미활동, 직업과 고행, 직업과 일회성 경제 활동을 헷갈리게 된다.

다만 위의 세 가지를 충족했다고 해서 그 직업을 이어나갈 수 있는지, 또 나에게 맞는 직업인지는 별개의 문제다. 전 직장의 경우 저 요건을 나름 만족했지만 계속해나갈 자신이 생기지 않았다. 몸과 마음은 시름시름 병들어갔고, 한숨만 늘어갔다. 분명 돈도 벌고 있고, 계속 출퇴근도 하고 있는데 도무지 앞이 보이지 않는다.

그래서 직업의 사전적 정의에 얽매이지 않고 나 자신만의 정의를 만들어보자는 생각을 했다. 사실 세상 모든 건 정의하기 나름이다. 같은 대상도 정의에 따라, 시각에 따라 그 모습이 완벽하게 달라진다. 남들이 좋다고 하는 대기업도 누군가에게는 지옥일 수 있다. 중요한 건 저마다 가진 생각으로 좋은 직업을 형성하는 일이다. 개인이 가진 특수한 욕망을 오롯이 담아낼 수 있게끔.

최근 스타트업을 다니면서 내가 바라던 직업의 모습을 조금은 알 수 있게 되었다. 물론 하루에 4시간만 일을 하니 육체적으로도 수월했지만 그것 이상의 가치가 있다. 왜 그럴까. 아무리 좋아도 일은 일이고, 회사는 회사인데 말이다. 사실 경제적으로나, 사회적인 관점에서는 전에 다니던 직장이 더 유리하다. 하다못해 월급도 지금보다는 많았으니까.

다만 그곳에서 3년을 보내면서 알게 된 건, 내가 당장의 월급이나 사회적 시선에 부여하는 가치가 그리 크지 않다는 점. 그리고 그보다 더 중요하게 생각하는 다른 가치가 있다는 점이다. 일종의 타산지석이랄까. 게다가 글의 훌륭한 재료가 되어주니 사실 고맙기도 하다.

'내게' 좋은 직업이란 어떠해야 할까? 저마다의 욕망은 고유하니 동의하지 않아도 좋다. 순서 상관없이 머릿속으로 떠올려본 요건은 다음과 같다.

〈좋은 직업의 요건 10가지〉

1. 업무가 적성과 흥미에 맞아야 한다. (적성과 흥미)

2. 경제적 자유를 얻어야 한다. (경제적 자유)

3. 업무를 통해 성장할 수 있어야 한다. (개인의 성장)

4. 노력이 실제로 유의미한 영향을 미쳐야 한다. (영향력)

5. 협력적이고 수평적인 분위기에서 일해야 한다. (협력, 수평적 환경)

6. 비효율적인 허례허식과 의전, 그리고 비합리성이 없어야 한다. (효율성과 합리성)

7. 구성원이 명확한 비전과 건강한 가치관을 공유해야 한다. (비전과 가치관)

8. 어떤 형태로든 사회에 기여해야 한다. (기여)

9. 자유롭고 주체적으로 업무 환경을 선택할 수 있어야 한다. (자유와 주체성)

10. 구성원끼리 같은 사람으로서 존중하고 이해하고 배려해야 한다. (존중과 배려)

사실 이 모든 요건을 충족하는 직업이란 존재하지 않는다. 설령 혼자 일하더라도 마찬가지다. 어딘가 한두 가지는 나사가 빠질 수 있으니까. 다만 내게 있어 저 문장은 마치 북극성과 같다. 닿지 못하더라도 방향을 제시해준다. 중요한 건 유토피아에 입성하는 게 아니라 그런 삶을 지향하려는 마음가짐, 그리고 과정이다. 어차피 모든 걸 이루기에 인생은 짧다. 그냥 포기하고 살기에는 길다.

이상은 말 그대로 이상이지만 현실을 바꾸는 계기가 된다. 현실은 누군가의 부단한 이상이 스며들며 만들어진다. 당연하게 누리는 수많은 가치가 그러하다. 내가 타자를 치고 있는 컴퓨터도, 옆에 놓인 스마트폰도, 집을 비추는 전구도, 민주주의도, 인권도, 교육도. 세상에 당연한 건 없다. 인류가 태어난 이래로 현실에서 멈춰버렸다면 지금도 검치 호랑이를 피해 나무 위에서 벌벌 떨지 않았을까.

개인적으로 생각하는 좋은 직업의 요건을 쭉 써놓고 나니 실은 나 자신의 가치관이 보인다. 흔히 말하는 네임 밸류나 복지 제도, 높은 연봉은 들어가 있지 않다. 물론 생계를 이어가려면 당연히 보상은 있어야 한다. 위에서 살펴봤듯이 직업의 정의에도 포함되어 있다. 또 장기적으로는 경제적 자유에 기여해야 한다.

이렇게 보면 난 욕심이 없는 사람이 아니라 오히려 욕심이 굉장히 많은 사람이다. 사실 저 체크리스트를 다 채울 수 있을

지도 자신이 없다. 그래도 하나씩 시도해본다. 내게 맞는, '내일'을 찾기 위해.

출근길 아침해가 원망스럽다면

처음 전 직장 앞으로 이사 왔을 때, 주변에서 그런다. 회사에 뼈를 묻을 작정인 모양이구나. 사실 그런 마음은 없다. 애매한 배차간격 탓에 새벽 일찍 일어나야 출근 시간에 맞출 수 있었고, 나 자신이 천상 아침형 인간은 아니라는 걸 잘 알고 있었으니까. 그저 그뿐이다. 회사와 가까운 오피스텔에 자취방을 구했다. 그렇게 침대에 누워 창밖을 보는데, 아뿔싸! 회사 정문이 수줍게 고개를 내민다.

출퇴근 길이라고 해봐야 신호등 하나만 건너면 끝이다. 신호에 걸려도 5분 남짓이면 도착한다. 허무할 정도로 짧다. 정문에 도착하면 어깨가 축 쳐진 회사 동료의 모습이 눈에 들어온다. 인사도 하지 않는다. 다들 무선이어폰을 끼고 분주히 발걸음을 옮긴다. 회사 입구가 무슨 거대한 괴물 같다. 입을 벌려 직장인을 한 명 한 명 삼킨다. 9시간 뒤에나 저기서 나올 수 있겠지. 전쟁터에 끌려가는 기분이다. 한숨을 쉬며 올라간다.

왜 몸과 마음은 직장과 가까워질수록 무거워야 할까? 다 먹고살자고 하는 일이니 즐겁고 재밌진 않더라도, 최소한 견딜만 해야 하는데. 직장 스트레스는 사무실 바깥에서도 유효하다. 연차를 쓰고 나온 전 회사 동료를 만났다. 저녁을 먹는 동안 사내 메일을 계속 들여다본다. 자기가 없는 동안 팀원이 일처리를 잘 안 한다며 한마디 한다. 돌아가면 다 자기 일이란다.

사람에게는 미래의 일을 미리 당겨서 걱정하고 괴로워할 수 있는 재주가 있다. 매일 반복되는 출퇴근길이니 머릿속으로 떠올리기도 수월할 테고. 어제와 같은 풍경이 반복된다. 반복 자체보다는 그 대상이 문제다. 먹기 싫은 음식을 매번 억지로 삼키는 기분이다. 헛구역질이 난다. 내일도, 모레도, 1년 뒤에도, 10년 뒤에도 계속 다녀야 한다.

괴로움은 침대에서 극에 달한다. 잠들기 전에는 내일 출근할 생각에, 아침에 눈을 떠서는 오늘 출근할 생각에 몸서리쳐진다. 이불을 머리끝까지 덮고 소리를 질러도 달라지는 건 없다. 5분 후 난 이 침대 밖으로 나가야 하고, 씻고, 옷을 갈아입고, 현관문을 나서야 한다. 추우면 추워서, 비가 오면 비가 와서, 더우면 더워서, 날씨가 좋으면 날씨가 좋아서 가기가 싫다. 가기 싫은 데 가야 한다. 가지 말까 하는 충동이 잠깐 든다. 아프다고 할까? 교통사고가 났다고 할까? 퇴사할까? 온갖 상상을 하다 보면 어느새 지하철역 앞이다.

이쯤 되면 산이나 빌딩 위로 빼꼼 삐져나오는 아침해가 원망스럽기만 하다. 얼른 사무실로 가라며 재촉하는 기분이다. 이미 30분 전에 울린 알람 덕에 일어나서 준비하고 있는데 말이다. 아침이 기다려지는 삶이란 그저 상상 속에나 있는 걸까?

보통 워라밸하면 '저녁이 있는 삶'이 대표적이다. 어떻게든 회사의 손아귀에서 빨리 빠져나와 남은 하루를 알차게 보내려는 움직임이다. 나도 전 직장에서 퇴근을 하자마자 헬스장, 드럼 학원, 카페로 향했다. 칼퇴는 보장된 직장이라 저녁을 한껏 누렸다. 그렇게 지칠 때까지 시간을 보내다 쓰러져 잠에 들었다. 다음 날 아침에 일어나 눈을 뜨면 회사 정문이 보인다. 육성으로 욕이 나온다.

그런데 왜 '아침이 있는 삶'은 누릴 수 없는 걸까? 요즘 유행하는 미라클 모닝 챌린지는 빼앗긴 아침 시간을 찾아오기 위한 시도다. 새벽 4~5시에 일어나 고요한 시간을 한껏 만끽하고 출근하는 식이다. 그러자면 전날 일찍 잠들어야 한다. 아예 수면시간을 줄이는 방법도 있다. 몸이 버텨낼지 모르겠지만.

사실 줄일 건 따로 있다. 바로 근로시간이다. 2021년 기준 한국인의 연간 근로시간은 평균 1908시간이다. OECD 회원국 중 3위다. OECD 회원국 평균이 1687시간인데 하루에 8시간을 근무한다고 가정하면 한국인은 약 27일을 더 일하는 셈이다. 가장 근로시간이 짧은 독일 국민이 연간 1332시간을 일한다. 한국인은 독일인에 비해 무려 72일을 더 일한다.

독일 교환학생을 할 때 3시부터 시작되는 러시아워와, 금요일에 오전 근무만 하는 걸 보고 충격을 받은 적이 있다. 주말이 되면 웬만한 마트나 편의시설은 대부분 문을 닫는다. 소비자 입장에서는 불편하지만 근로자에겐 천국이 따로 없다.

한국의 1인당 GDP는 2021년에 이미 3만 5천 달러를 넘어 4만 달러인 일본을 바짝 추격하고 있다. 하지만 삶의 질이 그만큼 나아졌는지 짚어보면 고개를 갸우뚱하게 된다. 여러 가지 이유가 있겠지만 긴 근로시간이 그 중심에 있음을 부정하기 어렵다. 주 52시간 근무제를 도입할 때의 수많은 내홍을 떠올려보면 주 4일 근무제는커녕 40시간 근무제도 요원하다.

근로시간 단축은 경제와 사회가 발전하며 겪는 자연스러운 흐름이다. 부모님 세대만 해도 토요일에 출근하는 건 당연했다. 야근도 잦았다. 사무실에 오래 붙어있는 게 회사에 대한 충심을 증명하는 방법이었다. 감히 '정시'에 퇴근하는 순간 승진과 인사고과는 저 멀리 날아가버린다. 근로계약서 상에 명시된 퇴근 시간에 회사를 나서면 '칼퇴'한다는 묘한 수식어가 붙는다. 칼퇴의 영어 표현을 찾아보니 'Getting off without night overtime'이다. 번역하면 '야간 초과근무를 하지 않고 퇴근함'이다. 억지로 의역을 한 듯 싶다.

정시 퇴근을 할 때도 눈치를 봐야 하고, 눈치를 보지 않고 퇴근하는 게 '사내 복지'가 되는 게 현실이다. 전 회사를 다닐 때도 그랬다. 사원들끼리 모여 불평을 하다가도 항상 "그래도 칼퇴는 할 수 있으니까….”로 끝난다. 당연함이 당연하지 않기에 벌어지는 해프닝이다. 언젠가는 모두가 행복할 수 있다는 희망을 품으며, 아침해를 맞는다. 비타민 D 광합성도 되고 좋지 아니한가.

마이크로매니징하는 나쁜 상사

회사 생활을 하다 보면 마이크로 매니징 하는 상사를 만나게 된다. 설령 이 단어를 들어보지 않았더라도 한번 겪어보면 도무지 잊을 수 없는 타입이다. 마이크로 매니징(Micro Mananging, 이하 마매)은 문자 그대로 업무에 하나하나 간섭하며 지시하는 방식을 말한다. 더 심해지면 나노 매니징(Nano Managing)이라고 부른다.

인성이 파탄난 상사나 게으르고 무능한 상사와는 달리 마매를 하는 상사는 일견 문제가 없어 보인다. 깐깐하긴 해도 실수도 그만큼 줄어드니 좋은 거 아닐까? 물론 너무나도 중대하고 중요한 업무를 맡고 있어 더블 체크, 트리플 체크를 요하는 직무에 있다면 그럴지도 모르겠다. 다만 그런 상황에서조차 마매가 상황을 반드시 개선하는지는 고민해볼 여지가 있다.

마매의 문제점을 짚어보기 전에 상사, 더 나아가 리더란 어떠해야 하는지 살펴보자. 리더십은 꼭 CEO나 임원급에게만 요구되는 자질이 아니다. 설령 자신의 관리를 받는 부하직원이 없더라도 가지고 있어야 한다. 리더십이란 누군가를 이끄는 능력이면서, 동시에 조직을 바라보는 시선이다.

강한 사람에게 약하고 약한 사람에게 강한 상사를 생각해보자. 이들은 자신보다 직급이 높거나 아쉬운 소리를 해야 하는 사람에게는 허리를 깊이 숙인다. 하지만 자기보다 조금만 아래에 있다고 생각하면 가스 라이팅과 반말, 막말, 고압적인 지시를 아끼지 않는다. (나를 이름이나 직책이 아닌 '야'라고 불렀던 상사가 생각난다) 이들은 어떤 리더인가? 어떻게 조직을 바라보는가? 무엇보다 조직에 어떤 영향을 미치는가?

리더십은 단순 업무지시에만 국한되지 않는다. 리더십은 사실상 조직문화의 원천이 된다. 어떻게 조직원을 관리하고 지시하는가? 결과물에 어떤 피드백을 내리는가? 조직원은 스스로를 어떻게 인식하는가? 이런 질문에 말과 행동으로 답하는 게 리더다. 특히 리더십이 조직원을 특정한 형태로 벼려낸다는 점을 기억한다면 리더의 자리는 결코 가볍지 않다.

앞서 언급한 마매 하는 상사를 생각해보자. 이런 유형의 상사는 부하직원을 절대 신뢰하지 않는다. 모든 일은 자신의 피드백을 거쳐야 하고, 또 수정되어야 한다. 자기가 가장 일을 잘 알고 있으니까. 보고서의 글자 하나, 엑셀 시트의 수식 하나에도 일일이 관여한다. 항상 신경이 곤두서 있고 이런 감정은 조직원에게 전파된다. 긍정적인 피드백보다는 부정적인 피드백으로 업무를 진행한다.

그럼 반대로 관리를 받는 조직원은 어떨까? 처음에는 상사의 요구에 맞추려 열심히 노력한다. 표 선 두께나 글자 자간까지 터치하지만 그러려니 한다. 그러다 시간이 지나고 마매가 더 심해지면 깨닫게 된다. 아무리 해도 상사의 마음에는 결코 들 수 없다는 사실을. 상사가 일하는 방식이 곧 법이니 그분의 마음을 읽지 않는 이상 불가능한 일이다. 여기서 대개 세 가지 반응이 나온다.

1. 포기하고 상사에 의존한다.

2. 어떻게든 맞추려고 하다가 정신이 나갈 것 같다. 차라리 1번을 택한다.

3. 매번 부딪히며 대립각을 세운다. 하지만 마매가 끊이지 않으면 결국 1번이나 2번으로 돌아간다.

마매 하는 상사의 부하직원에게 책임감이나 주인의식을 기대하긴 어렵다. 스스로 결정할 수 있는 게 거의 없어 철저히 의존하게 된다. 아무리 좋은 아이디어를 내도 소용이 없다. 결국은 행간이나 폰트 색상을 지적당할 테니. 이건 이래서 안된다, 저건 저래서 안된다라고 하더니 결국은 자기 방식대로 밀어붙인다. 특별히 독선적이어서가 아니라 정말 진지하게 자기 방법이 옳다고 믿기 때문이다.

이는 마치 자식의 삶에 깊숙이 관여하는 부모와 같다. 이런 부모 밑에서 자란 자식은 의존적이거나 반항적으로 변한다. 반항 역시 반항을 위한 반항인 경우가 많다.

하지만 정작 마매의 당사자는 별다른 문제의식을 갖지 않는다. 마매 하는 관리자의 상사도 마찬가지다. 사실 하나하나 일일이 체크하며 실수를 막아주는 부하직원만큼 든든한 사람도 없다. 업무도 표면상으로는 매끄럽게 흘러간다. 조직원의 눈빛에서 생기가 사라지고 때로는 이탈하지만 문제 삼지 않는다. 꼼꼼한 게 죄는 아니니까.

꼼꼼한 업무 스타일과 마매를 가르는 기준은 자율성에 있다. 마매 하는 상사 밑에 있는 조직원에게는 자율성이 없다. 자율성을 발휘한다는 건 상사가 세운 자의적인 기준에 부합하지 않는다는 말이고, 이는 '다름'이 아니라 '틀림'으로 여겨진다. 윗선에서 계속 걸고넘어지면 보통은 그냥 따르는 식으로 대응하게 된다. 그렇게 자율성이나 주인의식이 점점 실종된다.

의존성이 심화되면 조직원은 자신의 힘으로 생각하기를 멈추고 상사의 지시만 기다린다. 상사 입장에서는 답답하다. 자기가 말을 하지 않으면 아무 일도 하질 않으니 일일이 업무 방향을 일러줘야 한다. 아주 사소한 부분까지. 그렇다고 조직원의 손에 온전히 맡길 수도 없다. 저렇게 의존적인 모습을 보이는데 어떻게 믿을 수 있겠는가. 차라리 다 손을 대는 게 속 편하다. 그렇게 악순환이 계속된다.

만약 CEO가 마매를 한다면 이는 회사 전체에 영향을 미친다. 업무는 오로지 '그분'의 심기를 거스르지 않는 방향으로 전개된다. 물론 리더의 자리에 오르면 꼼꼼함도 요구되지만 동시에 조직원이 스스로 업무를 행할 수 있도록 이끌어야 한다. 책상 위치까지 간섭을 하면서 창의성이나 혁신을 말한다면 앞뒤가 맞지 않다.

리더는 저마다의 위치에 따라 가져야 할 역할이 있다. 직원이 슬리퍼를 신고 다니는지 구두를 신고 다니는지 체크하는 것도 좋지만, 보다 더 거시적인 관점을 가져보는 건 어떨까?

나는 내일이 기다려진다

감히 고백하자면 요즘은 내일이 기다려진다. 특별한 일이 없어도. 최소한 내일이라는 시간에 도사리고 있는 괴물이 없어서다. 퇴사가 꼭 정답은 아니지만 적어도 계기가 되었다. 어떻게 난 내일을 기다릴 수 있는 사람이 되었을까?

예전 직장을 다닐 땐 이렇지 않았다. 여느 직장인처럼 내일을 싫어했다. 평일에는 회사를 가야 하니까, 주말에는 시간이 자꾸 흐르니까 싫었다. 내일이 되면 출근, 상사, 하기 싫은 업무, 말도 안 되는 관행과 뒤치다꺼리가 찾아온다. 생각만 해도 몸서리가 쳐진다. 돈을 벌어야 하니까 억지로 몸을 일으킨다. 알람을 맞춘다. 시한폭탄 타이머를 작동시키는 기분이다.

뭐가 달라졌을까? 그냥 회사를 나가지 않으면 되는 걸까? 꼭 그렇지는 않다. 놀고 쉬는 건 분명 즐거운 일이지만 내일을 기다릴 유일한 이유가 되진 않는다.

내일을 기다릴 수 있는 건 '성장'하기 때문이다. 어제보다 조금 더 나아지는 나의 모습, 그게 성장이다. 나이를 먹는다고 모두가 성장하는 건 아니다. 오히려 퇴행하는 경우도 있다. 성장하려면 의도적이고 지속적으로 뭔가를 실행해야 한다. 꼭 특정 목표치가 없어도 된다. 건강해진다는 추상적인 목표를 세우고도 할 수 있는 일이 많다. 식단 관리를 하거나, 운동을 하거나, 명상을 하는 식이다.

그럼 어제보다 나아졌음을 어떻게 알 수 있을까? 간단하다. 어제보다 할 수 있는 게 많으면 된다. 어려운 요가 동작을 조금 더 수월하게 한다든지, 포토샵에서 새로운 기능을 써먹는다든지 꼭 수치화되지 않아도 괜찮다.

수치를 보면 얼마나 성장했는지를 정확히 알 수 있다는 장점이 있다. 숫자에 불과하기에 오히려 막연하게 인지할 수 있다는 단점도 있다. 블로그 구독자가 100명에서 110명이 되었다고 치자. 그래서 그게 어쨌단 말인가? 이렇게 생각할 수 있다.

요즘 루틴을 하면서 하루하루 성장함을 느낀다. 일러스트레이터를 배우고 있는데 나름 실력이 오르고 있다. 어제는 못했던 작업을 오늘은 할 수 있다. 이렇게 하다보면 내일은 조금 더 발전하겠지. 이런 확신이 든다. 운동을 하면서 몸이 점점 가벼워지는 걸 느낀다. 명상에도 많이 익숙해졌다. 처음에는 5분만 앉아있어도 주리가 틀렸는데 요즘엔 제법 차분하게 명상에 잠긴다. 여전히 다리는 저리지만.

기능적인 성장만으로는 부족하다. 내면의 성장도 동반해야 한다. 생각이 깊어지고, 책임감과 정면으로 마주하고, 이해와 배려심도 갖춰야 한다. 내면의 성장은 겉으로 잘 드러나지 않는다. 수치화는 더더욱 어렵다. 주로 관계에서 드러난다. 무인도에서 혼자 사는 사람에게 내면의 성숙이 무슨 소용이 있을까? 회사는 그만두었지만 여러 모임에 나가는 이유다.

비록 성장을 하더라도 몰입할 수 없다면 내일을 기다리기는 어렵다. 몰입이란 소모되지 않고 기꺼이 빠져드는 상태다. 전 회사에서는 바쁘게 일을 해도 몰입하기가 어려웠다. 그저 소모될 뿐이다. 몰입은 자유나 자발성을 전제로 한다. 주체성을 갖고 능력을 발휘할 수 있다면 주어진 업무에도 몰입하는 게 가능하다.

오늘 했던 디자인 작업이 그렇다. 거의 세 시간 동안 온전하게 몰입할 수 있었다. 마무리까지 하고 나서야 기지개를 켰다. 잘하는지는 모르겠지만 최소한 빠져들 수 있는 일을 하나 찾았다.

내 일이라는 확신이 있으니 동기부여가 된다. 개인적인 특성이기도 하다. 결과물을 내놓기 전까지는 혼자 일하는 걸 즐기는 편이다. 이건 내향/외향의 문제가 아니라 업무 스타일의 문제다. 외향적인 사람도 독립적인 업무 환경을 선호할 수 있고, 내향적인 사람이 사람이 많은 조직에서 일하고 싶을 수 있다.

최근 들어 일의 내용과 형태에 대한 고민을 많이 한다. 무슨 일을 할까? 그리고 그 일을 어떻게 할까? 나름대로 내린 결론은 다음과 같다.

'자유롭고 창조적인 일을 독립적으로 할 것'

난 자유롭게 일해야 한다. 난 뭔가를 창조하는 일을 해야 한다. 난 독립적으로 일해야 한다. 내일을 기다릴 수 있는 건 이런 삶을 누리고 있기 때문이다. 매번 즐거운 건 아니다. 쉬운 건 더더욱 아니다. 하지만 의미가 있다. 그리고 충만하다.

반백수에서 콘텐츠로 생계를 유지할 수 있는 크리에이터가 되고, 더 나아가 사업을 하고 싶다. 나만의 공간을 가지고 독립적으로 일하고 싶다. 적어도 불필요하게 얽매이며 일하고 싶지 않다. 그런 환경이 얼마나 날 갉아먹는지 이미 수차례 경험한 탓이다. 오늘의 조그만 성장이 그런 내일을 만들어간다. 그렇게 언젠가 찾아올 '내일'이 난 너무나도 기다려진다.

있을 때 잘해 후회하지 말고

퇴사를 하고 남겨진 내 빈자리에 앉은 분을 만났다. 휴직 중에 급히 호출을 받았다고 한다. 일은 어떠냐고 물어보니 한숨을 쉰다. 회사도, 상사도, 미칠 듯이 쏟아지는 업무도 그대로다. 이걸 다 어떻게 쳐냈냐며 혀를 내두른다. 듣고보니 아직 일을 다 넘겨받지도 않았다. 처음부터 일을 다 줬다가 이 사람마저 나가면 안 된다는 마음이겠지. 다른 팀에 비해 바쁜 데다 위에서 주목하는 부서라 이전에도 많은 이들이 퇴사를 했다.

위에서는 나름 배려를 한거다. 물론 전체 업무량을 줄여주지는 않는다. 옆팀에서는 하도 팀원이 나가니 신입사원에게 일을 적당히 시키라는 지침이 내려온다. 퇴사를 하겠다고 하면 편한 팀으로 바꿔주겠다, 진급 시 긍정적으로 고려하겠다, 연봉을 올려주겠다….는 얘기는 안 하지만 (비용절감에는 진심인 회사였다) 어쨌든 살살 구슬린다.

있을 때나 잘해주지 왜 나가려고 하니까 난리를 치는 걸까. 난 이런 순간을 '잡은 물고기 현상'이라고 부른다. 자기 그물에 들어왔다고 생각하면 사람 취급도 안 하다가, 제 발로 나가겠다고 하면 갑자기 회유를 하는 경우를 말한다. 회사나 연인 관계에서 쉽게 찾아볼 수 있다.

한 지인은 퇴사 하겠다고 하니 부사장이자 사장의 아드님 되는 분께서 연봉을 올려주고 진급도 시켜주겠다고 했단다. 물론 믿고 걸러야 할 회사라 뒤도 안 돌아보고 뛰쳐나왔다고 한다. 왜 잡은 물고기에겐 밥을 잘 주지 않는 걸까? 관심을 주는 행위에는 에너지가 들어간다. 에너지를 아끼고자 하는 게 인간의 본성이다. 그게 정신적이든 경제적이든 육체적이든 말이다.

그 결과 잡힌 물고기는 딱 생존할 만큼의 밥만 얻어먹게 된다. 그러다 나가겠다고 하면 그제야 '창고 대방출'을 시작한다. 어떻게 보면 효율적이다. 적재적소에 에너지를 활용할 수 있으니까. 하지만 상대방은 사람이다. 점차 회사나 파트너에 대한 인식이 안 좋아진다. 연봉 인상이나 사랑한다는 말로는 부족한 시점이 온다.

있을 때 잘하라는 말은 비단 부모님이나 연인에게만 해당하는게 아니다. 조직에서도 조직원을 잘 대우해야 한다. 그렇다고 매번 퇴사를 가지고 협상할 수도 없는 노릇이다. 처음 한두 번은 통할지 몰라도 남용하다 보면 조직도 알게 된다. 이 사람은 절대 나가지 않을 거라는 걸. 헤어지자는 말을 습관적으로 하는 연인을 생각해보자. 역으로 이별을 통보받는다.

사람은 잘 변하지 않는다. 사람이 모인 조직은 오죽할까. 아무리 경영진의 의욕이 넘쳐도 조직 전체를 바꾸긴 어렵다. 키를 열심히 돌려도 거대한 배는 조금씩 움직인다. 그래서 위에 있을수록 신중해야 한다. 자기 기분이나 일시적인 트렌드에 따라 이리저리 방향을 틀면 현장에서는 대혼란이 벌어진다.

열심히 제설작업을 했는데 지나가던 사단장의 "허허, 이 부대는 낭만이 없구먼." 한마디에 눈을 도로 덮어놓았다는 군대 잔혹동화도 있지 않은가. 특히 '알아서 기는' 수직적인 조직의 경우 상사의 말 한마디는 더 큰 무게감을 갖는다. 창고 청결상태를 사장님께서 친히 체크한다고 하니 난리법석을 떨던 전 상사가 생각난다. 평소에는 키보드에 손도 안 대던 귀하디 귀한 분이었는데 그렇게 신속하게 움직이는 모습은 처음 보았다. 역시 조직은 먹이사슬의 연속이다. 아, 물론 보이지 않는 곳에서는 그냥 멀뚱멀뚱 서 있다.

대퇴사시대나 인구절벽 등의 흐름이 이런 관행을 조금이나마 바꾸진 않을까 하는 기대를 살짝 품어본다. 사람이 귀한 시대는 언제쯤 만나볼 수 있을까. 너 말고도 일할 사람 많아, 넌 회사의 부품이야 식의 스탠스로 일관하면 조직원 역시 회사를 그저 환승역 정도로 생각한다. 애사심까진 아니어도 최소한 정이라도 남아있어야 유지가 될 텐데 말이다.

실제로 주변에는 회사에 뼈를 묻겠다는 사람이 거의 없다. 임원으로 진급하고 싶다는 이도 없다. 욕심이 없어서가 아니라 오히려 욕심이 많아서다. 기회만 생기면 나갈 채비를 한다. 근무 마지막 날, 인사를 하러 다니는데 "좋은 자리 있으면 소개시켜줘."라는 말을 정말 많이 들었다. 심지어 억대 연봉을 받는 다른 팀 부장님도. 이 회사에는 정말 미래가 없구나라는 생각이 들었다.

'코인 대박 + 주식 대박 + 부동산 영끌 + 무조건 저축' 전략으로 조기 은퇴를 하겠다는 파이어족도, 인생 2막을 준비하는 중간관리자도, 입사한 지 일주일도 안돼서 다른 회사 공고를 뒤적이는 신입사원도 퇴사를 꿈꾼다. 회사에서 주는 (크지도 않은) 경제적 보상만이 모두를 붙드는 유일한 끈이라면 조직원의 다양한 욕구를 담아내기란 불가능에 가깝다. '회사가 돈 버는 곳이지 그럼 뭐 어쩌라는 거야' 식의 생각을 가지는 건 자유다. 하지만 회사 경영진의 마인드셋이 저렇다면 곤란하다.

최근 들은 강연에서 강사가 이런 얘기를 들려준다. 자기가 아는 한 스타트업의 CEO가 최근 면접을 봤다고 한다. 면접관이 아니라 면접자로서. 능력 있는 개발자를 데려오려고 자료도 손수 준비해서 열심히 설득했다고 한다. 그 개발자는 이미 다른 회사에서 스카우트 제의를 받은 상황이었다. 그는 연봉이나 복지가 아니라 회사의 비전을 물었다. 내가 왜 당신의 조직에 합류해야 하는지 설득해봐라 이거다.

'우리 회사에 지원하게 된 동기가 뭡니까?'라는 질문에 열심히 답해야 하는 대다수에게는 꿈같은 얘기다. 하지만 적어도 회사를 선택하는 기준이 예전과는 많이 변화했음을 느낀다. 여전히 높은 연봉이나 안정성은 중요하지만 그게 다가 아니다. 연봉과 안정성을 좇아 대기업에 들어갔다가 뛰쳐나오는 사람이 부지기수다. 공무원도 퇴사를 하는 세상이다.

당장 유튜브에 퇴사라는 단어만 검색해도 수백 개의 영상이 노출된다. 적어도 젊은 세대 사이에서 퇴사는 부끄러운 일이 아니다. 오히려 맞지도 않는 회사에 죽치고 앉아있으면 더 괴로워한다. 퇴사는 이제 하나의 트렌드이자 밈이자 목표가 되었다. 퇴사 브이로그를 올리고, 퇴사 일기를 쓰고, 경제적 자유 달성을 위한 체크 리스트를 게시한다. 정보 공유도 활발하다. 공감대를 형성할 퇴사 동지도 넘쳐난다.

그럼에도 퇴사는 여전히 망설여진다. 취업 준비라는 매몰비용도 생각나고 퇴사를 하게 되면 발생할 각종 기회비용도 있다. 아직까지는 주변에서 퇴사를 한 사람보다 하지 않은 사람이 더 많다. 그런데 퇴사를 하고 싶냐고 물어보면 하나같이 그렇다고 답한다. 그럼 왜 안 하느냐고 하면 먹고 사는 문제를 꼽는다. 반대로 말해 경제적인 이슈만 해결되면 퇴사를 하겠다는 거다. 더 깊게 들어가면 현재 회사가 주고 있는 가치란 돈 그 이상도 이하도 아니라는 뜻이다. 이보다 더 슬픈 관계가 있을까?

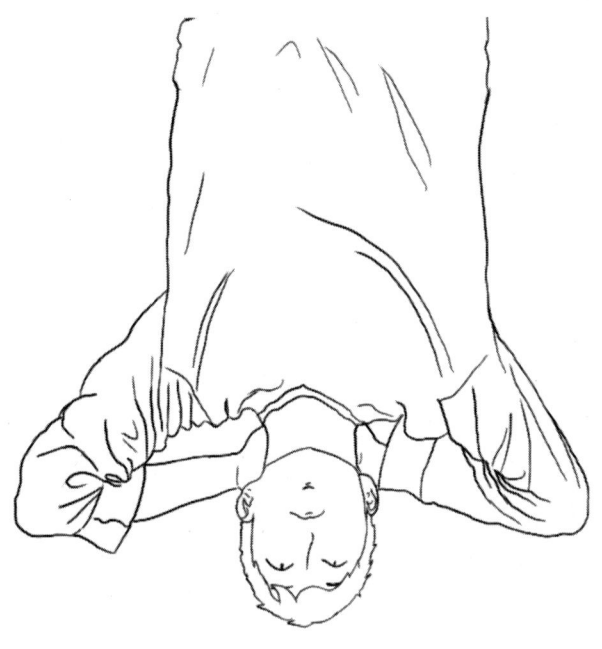

이제 뭘
해야할까

#3 WHAT

회사 그만두고 뭐 먹고 살려고?

아무리 알아서 하겠다고 해도 부모님의 마음은 편치 않나 보다. 잘 다니던 (사실 '잘' 다니는 건 아니었지만) 직장을 그만둔다고 하니 걱정이 이만저만이 아니다. 다음 회사는 알아보고 있냐고 넌지시 물어본다. 친척을 만나도 들을 이야기겠지. 사실 거짓말을 하면 속 편하다. 그냥 이직을 하겠다고 말하면 그만이다. 추가적인 질문이야 듣겠지만 적당히 대답하면 된다.

그런 쉬운 길이 있다. 하지만 거짓말을 하고 싶진 않다. 당당하지 못해서다. 어차피 내가 살 인생이다. 어떻게든 돈은 벌어먹고 살 테니 걱정 마세요. 무슨 자신감이냐고 묻는다. 사실 근거는 없다. 회사를 다니는 모습을 보며 안정감을 느끼는 이유는, 그 자체가 강력한 근거가 되기 때문이다. 적어도 밥벌이에는 문제가 없다는 근거, 인생을 제대로 살고 있다는 근거, 명절만 되면 쏟아지는 친척의 질문공세를 피해 갈 근거.

그럴 때 나오는 마법의 단어가 있다. 바로 '현실'이다. 자신감만으로는 세상을 살아갈 수 없다. 현실을 직시해라. 돈 버는 문제는 현실이지 않느냐. 맞다. 내가 살아가는 곳은 현실이다. 현실에서 삶을 이어가려면 어쩔 수 없이 돈이 있어야 한다. 현재와 미래를 위한 돈.

이런 현실을 무시하고 회사를 나오겠다며 선언한 나. 꿈에 취해 현실을 못 보는 건 아니냐, 퇴사하고 뭐 먹고살려고 하냐, 직장을 다니면서 이직 준비를 해야 더 잘된다더라. 사방에서 수많은 말이 들려온다. 그 말을 따라야 할까? 아니면 귀를 닫고 살아야 할까? 난 대개 후자를 택했지만 적어도 스스로에게는 답해야 한다. 너, 뭐 먹고살래?

1) 일 년 반 정도 가계부를 썼다. 수입보다는 지출을 알고 싶었다. 수입이야 퇴사를 하게 되면 들쭉날쭉하겠지만 지출은 일정하니까. 식비는 얼마, 교통비는 얼마, 관리비는 얼마 하는 식으로 계산하니 한 달 평균 생활비가 나왔다.

2) 올해 초부터는 가계부 대신 자산현황표를 작성하고 있다. 자산이 늘었는지, 줄었는지를 한눈에 알 수 있다. 현금, 예적금, 주식, 펀드, 채권, 원자재, 달러, 퇴직연금 등 운용할 수 있는 자산을 전부 기록했다. 퇴사하기 전까지 회사에서 받을 수 있는 월급 및 상여금도 적어뒀다.

3) 소유한 자산을 지출액으로 나눴다. 돈을 전혀 벌지 않았을 때 생활할 수 있는 기간이 나왔다. 추가적인 근로 소득이나 금융 소득이 생기면 이 기간이 더 늘어난다. 생각보다 조급하지 않아도 된다. 돈이 많아서라기 보다는 미래가 어느 정도 손에 잡혀서다. 숨을 얼마나 참을 수 있는지 알아야 바다에 뛰어들 수 있다.

있는 돈만 파먹어서는 부족하다. 언젠가는 한계가 온다. 돈을 벌어야 한다. 소득에는 크게 근로소득, 사업소득, 투자소득이 있다.

현재는 근로소득이 수입의 대부분을 차지하고 있다. 근로소득은 회사를 다니는 이상 안정적으로 지급된다는 장점이 있다. 다만 인센티브제가 아니면 노력이나 성과 여하에 관계없이 일정 이상의 돈을 받을 수 없다는 단점이 있다. 또 일하지 않으면 현금흐름도 끊기고 만다.

사업소득은 시스템을 구축하여 시장에 직접 서비스나 재화를 판매하여 얻어낸다. 요즘 유행하는 디지털 노마드, 1인 창업, 프리랜서도 여기에 해당한다. 조직을 직접 구성하든 자기 자신이 조직이 되든 누군가에게 예속되지 않고 자유로이 돈을 번다. 리스크와 불안정성이 가장 큰 문제점이다.

투자소득은 소위 말하는 재테크로 돈을 버는 방식이다. 금융시장에 있는 수많은 자산에 투자하여 양도차익, 배당수익(주식), 임대수익(부동산), 이자수익(채권) 등을 노린다. 부동산부터 주식, 펀드, 채권, 예적금, 원자재 등 투자처는 무궁무진하다. 리스크가 크고 변동성의 영향을 많이 받는다.

N잡은 위와 같은 다양한 수입원을 만드는 작업이다. 경제적으로만 보면 특정 수입원에 대한 의존도를 줄여 리스크를 관리하는 과정이기도 하다. 그런데 N잡을 굳이 해야 할까? 지금 있

는 직장에서 노력한다면 충분하지 않을까? 맞는 말이다. 다만 모두가 당면한 몇 가지 현실이 있을 뿐이다.

1) 취업난이 심해지고 평생직장이라는 개념이 사라졌다.

2) 자산 가격의 상승이 근로소득의 상승폭을 훨씬 상회하고 있다.

3) 자신의 다양한 면을 표현하고 싶은 욕구가 분출되고 있고, 이를 충족시켜 줄 다양한 플랫폼이 등장했다.

4) 평균수명이 늘어나고 연기금은 바닥을 드러내고 있다. 조세저항이 심한 데다 보수적인 분위기의 한국 정치지형도 내에서 증세를 하기도 쉽지 않아 보인다. 그 와중에 정치권에 대한 국민의 신뢰도 낮다.

5) 4대 매체(TV, 신문, 라디오, 잡지) 이외에 다양한 인터넷 플랫폼을 이용해 시장과 타깃에 영향력을 발휘할 수 있다. 이제 개인도 경제주권을 쥘 수 있다.

꼭 N잡을 해야 한다는 말이 아니다. 사업을 키우고 있다면 사업에 집중해야 하고, 회사에서도 일에 매진해야 하는 시기가 있다. 다만 '현실'적으로 봐도 회사에만 목을 매고 있는 건 순진한 생각이다. 자아실현이나 꿈, 일의 보람 같은 '이상'적인 이유를 제외하더라도 말이다.

이렇게 말하는 나 역시 현재는 근로소득에 의존하고 있다. 계획대로 퇴사를 한다면 그마저도 0이 되겠지. 그때를 대비해 여러 플랫폼을 찔러보고 있고 투자도 병행하고 있다. 한 곳에 올인하기보다는 여러 군데 분산을 하니 마음도 편하고 즐겁다. 다만 N잡은 몰입해야 할 선택지를 찾는 과정이다. 모든 대안에 동일한 시간과 에너지를 할당하기란 쉽지 않다. 결국은 선택의 문제다.

현실을 직시해라. 맞는 말이다. 더 맞는 말은 이거다. 제대로 된 현실을 직시하자.

퇴사 전 나에게 던지는 세 가지 질문

큰 결정을 내리기 전 불안함을 떨치는 가장 좋은 방법은 쓰는 거다. 생각이 꼬리에 꼬리를 물고 증폭되게끔 내버려 두는 게 아니라 보다 구체적인 형태로 붙잡아 두기 위해서. 불안함은 불확실성에서 온다. 어둠 속에서 도사리고 있는 (또는 있다고 믿는) 막연한 형체같이. 막상 불이 켜지고 모든 게 분명해지면 안심이 된다. 설령 문제가 해결되지 않더라도 마음의 무게가 덜어진다.

무엇을 쓸지는 저마다의 상황과 성향에 따라 달라진다. 누군가는 세세한 계획표와 일정표를 작성해야 할 수도 있다. 다른 누군가는 몇몇 문장과 키워드를 정리하는 것으로 충분하다.

난 후자에 가깝다. 전체적인 방향성을 잡아놓고 흐름에 맞춰 살아간다. 거대한 바위를 만나면 돌아가고, 급류에서는 균형을 잡으려 애쓴다. 닥치면 어떻게든 하게 되어 있다.

퇴사를 하겠다며 당찬 포부를 밝힌지도 세 달이 되었다. 절반의 여정을 지나고 있는 지금, 나에게 질문을 던져보려 한다. 맞는 방향으로 가고 있는지 알고 싶어서.

1. 왜 퇴사해?

퇴사를 하기 전이든 후든 언젠가는 대답해야 할 질문이다. 행동 그 자체보다 동기나 이유를 더 중요하게 생각하는 편이라 더더욱. 회사에는 '힘들어서 쉬려고요' 정도의 대답으로도 충분하다. 적어도 나 자신이나 주변 사람에게 건넬 답변을 준비하려고 한다. 퇴사를 하는 이유는 크게 세 가지다.

- 회사를 다니고 싶지 않아서
- 몸과 마음을 돌보기 위해서
- 다른 일을 하려고

열이면 열, 백이면 백, 퇴사 사유는 저마다 다르겠지만 사실 크게 보면 비슷하다. 회사라는 조직이 제공할 수 있는 삶의 의미에는 한계가 있고, 매달 월급을 주는 만큼 대가를 요구한다. 거기에 온갖 인간 군상이 위계질서라는 틀 속에 엮여 있으니.

회사를 다니고 싶지 않다. 회사를 다니고 싶지 않다고 하면 흔히 두 가지 충고가 돌아온다. 참고 버텨라, 그리고 다른 회사도 다 마찬가지다. 이 조언의 맹점은 명확하다. 참고 버텨야만 하는 삶이라면, 어느 회사를 가나 똑같다면, 아예 다른 대안을 모색해야 하지 않을까? 참고 버틴 끝에 어떤 결말을 맞이할지 명백한 상황이라면 말이다.

그러다 보니 몸과 마음이 축난다. 한 영상에서 '내 몸과 마음을 아프게 하는 일은 내게 맞지 않는 거다'라는 말을 듣고 딱 내 상황이다 싶었다. 아직도 옆구리에 남아있는 대상포진도 그렇고, 집에 오면 기절하듯 쓰러지는 모습도 그렇고. 몸은 착실하게 신호를 보내고 있다. 듣지 않았을 뿐. 이제 몸과 마음에 조금 더 귀 기울이려고 한다.

그렇게 듣다 보니 마음 한구석에서 다른 일을 하라는 목소리가 들려온다. 가치가 있는 다른 일, 좋아하고 잘할 수 있는 일, 에고(Ego)나 타인의 시선이 아니라 참자아를 따르는 일. 이상적인 헛소리에 그치지 않으려면 행동해야 한다. 퇴사는 그 과정에 꼭 필요한 동반자다.

2. 퇴사하기 전까지는 뭐 할 거야?

이유는 알았다. 그럼 무슨 일을 해야 할까? 퇴사라는 하나의 시점을 기준으로 전과 후를 나눴다. 퇴사를 하기 전 회사원으로서 할 일은 무엇이 있을까?

관련해서 정보를 찾아보니 주로 돈이나 경력관리에 대한 조언이 많다. 마이너스 통장을 개설하거나, 미리 대출을 받거나, 경력 포트폴리오를 작성하는 식이다. 업무 인수인계, 퇴사 통보, 경력증명서 발급 등 회사 내에서 처리해야 할 일도 많다.

모아둔 돈도 얼마간 있고 본가로 들어가는지라 굳이 대출까지 받을 일은 없어 보인다. 퇴사 통보는 한 달 전에 할 예정이고 인수인계나 필요한 서류 수령 같은 작업도 그에 맞춰서 하면 된다. 직장동료와 작별인사도 하고 이사 준비도 해야 한다.

가장 중요한 건 새로운 일을 시도해보기, 그리고 하던 일을 꾸준히 하기. 상황이 변한다고 삶이 무너져서는 안 된다. 나만의 루틴으로 끌어가야 한다. 한편으로는 변화에 발맞춰야 한다. 퇴사를 하면 당장 월급도 끊기고 적어도 8시간 이상 내 자유시간이 생긴다. 부족한 돈과 넘쳐나는 시간을 어떻게 다룰지 치열하게 고민하고 행동해야 한다.

3. 퇴사하고 나서는 뭐 할 거야?

이제 고민은 자연스레 퇴사 이후로 이어진다. 퇴사를 한다고 천지가 개벽하지도 않고 모든 일이 술술 다 풀리는 것도 아니다. 시간은 흐르고 인생은 계속된다. 한편으로는 새로운 환경, 새로운 시간, 새로운 일상에 적응해야 한다.

가장 먼저 떠오른 건 휴식이다. 그냥 좀 쉬고 싶다. 모든 불안과 피로감을 내려놓고 편안하게. 그렇게 몸과 마음의 건강을 조금씩 찾아오려고 한다. 게으름도 피워보고 평일에 회사를 가지 않는 짜릿함도 누려보고.

하지만 적어도 두 가지는 쉬지 않으려고 한다. 글쓰기와 운동. 몸과 마음의 근육을 키우는 데는 이만한 게 없다. 불안한 마음도 진정시켜준다. 세상의 잡음에서 조금은 멀어질 수 있으니까. 예민하고 쉽게 피곤해지는 나에게는 꼭 필요하다.

이사를 하는 데다 회사도 다니질 않으니 루틴도 짜야한다. 꼭 상세하게 계획할 필요는 없지만 적어도 어떻게 시간을 보낼지는 생각해두려고 한다. 모든 일은 닥쳐봐야 안다. 큰 틀만 갖춰놓고 세부적으로는 계속 조정하면 된다.

생활비를 벌 수 있는 방법도 계속 강구해야 한다. 회사를 다니지 않는다면 내 손으로 돈을 벌어야 한다. 투자를 통해 현금 흐름을 만들고 근로소득 외에 수입원을 창출해야 한다. 계속 공부하고 실행해야 한다. 두렵고 불안하지만 이렇게 살아보려고 한다. 써놓고 나니 나름 그럴듯하다. 조금 안심이 된다.

퇴사가 준비다

퇴사 관련 영상이나 블로그 글을 찾아보면 열에 아홉은 준비 없이 퇴사하지 말라고 한다. 보통 '회사는 전쟁터지만 밖은 지옥이다'같은 주옥같은 대사를 인용하며 시작한다. 환승 이직을 해라, 사이드잡의 수입이 월급을 넘어서면 그때 퇴사를 결정해라 등의 조언이 이어진다. 주로 안정성에 기반을 둔 해결책이다.

물론 안정성은 중요하다. 그걸 모르는 게 아니다. 다만 안정성이 가장 중요하다면 굳이 나올 이유가 있을까? 몸과 마음이 피폐해져 완전히 망가져야만 퇴사의 정당성을 얻을 수 있는 건 아니다. 퇴사를 결정하는 건 어디까지나 나 자신이다. 온전히 책임질 수 있다면 어떤 결정을 내리든 그걸 막을 근거는 없다.

이런 반항 섞인 생각을 하다가도 한편으로는 불안하다. 아무 생각 없이 나왔다가 결국 다시 직장으로 돌아갔다는 간증이 이어진다. 퇴사하기 전 철저히 준비하라는 주장에 더 힘이 실린다. 그럼 준비가 될 때까지 계속 이 회사를 다니라고? 그게 언제지? 까마득하다. 끝이 보이지 않는 터널에서 숨이 막힌다. 이대로 기한 없이 버티기만 해야 하나?

어느 날 멍하게 영상을 보던 중 말 한마디가 날아와 내 귀에 꽂힌다. "여러분, 퇴사가 곧 준비예요. 완벽히 준비하려고 하면 절대 나올 수 없습니다."

사람은 누구나 답정너다. 이미 내면에 답을 정해놓았고 그걸 넌 말하기만 하면 된다. 내가 찾아 헤맨 건 답이 아니라 이미 정해진 답을 말해줄 사람이다. 퇴사라는 결론을 정해놓은 상태에서 저 대사 한마디는 마치 단비와 같았다. 머릿속에서 톱니바퀴가 제대로 맞물리는 소리가 났다. 이거다. 항상 품고 있던 의문에 대한 답. 퇴사가 준비다.

워라밸이 유일한 복지인 회사에 다니고 있고, 집도 회사 바로 앞에 있다. 사이드잡이나 이직 준비를 할 수 있는 최적의 환경이다. 집에 와서 공부도 해보고 여러 시도를 해본 끝에 내린 결론은 간단하다. 회사를 다니면서 유의미한 결과물을 만들어내는 건 굉장히 어려운 일이다.

물론 누군가는 본업을 놓지 않으면서 부업도 착실하게 챙겨가고, 몸값을 높여 이직에 성공하기도 한다. 뼈를 깎는 노력을 했거나 운이 좋은 경우다. 대부분은 실패한다. 온전히 집중할 수 없기 때문이다. 물론 직장이 주는 안정감이 부업을 하는데 도움을 주기도 한다. 하지만 분명 그만한 대가가 따른다. 둘을 병행하는 건 생각보다 힘들다.

무조건 성공하겠다며 퇴근 후에 힘을 쏟는다면 정작 본업에는 소홀하게 된다. 둘 다 잘해보려고 욕심을 부리면 몸과 마음이 축난다. 심신은 생각보다 연약하다. 잘 돌보지 않으면 중요한 순간에 탈이 나고 만다. 내가 그랬다. 지금은 적절한 균형점을 찾고 있고 인생의 다음 단계를 위해 퇴사를 결심했다.

퇴사 자체가 준비라면 마음이 한결 가벼워진다. 어두운 들판에 냅다 던져지는 게 아니니까. 생각도 확장된다. 퇴사 이후로 무한히 뻗어나간다. 그럼 아이러니하게도 퇴사 전까지 준비해야 할 것도 정해진다.

적어도 6개월에서 1년 치의 생활비와 방향성이다. 퇴사를 하기 전에 준비해야 할 건 완벽한 청사진이나 이미 충분한 수익을 내고 있는 사이드잡이 아니다. 그런 마음으로는 절대 퇴사할 수 없다. 조금 더 허들을 낮춰보자.

생활비가 없으면 불안감이 커지고 삶을 이어갈 수 없다. 결국 버티지 못하고 직장으로 돌아가게 된다. 이때 중요한 게 정확한 지출 규모를 아는 것이다. 얼마가 있어야 6개월에서 1년을 살 수 있을까? 자기가 얼마를 쓰는지도 모르는 사람은 답할 수 없는 질문이다.

최소한 6개월 정도의 평균 지출내역을 알아야 퇴사 후의 삶에 대비할 수 있다. 만약 신용카드 할부와 마이너스 통장으로 근근이 살아가고 있다면 다시 생각해보자. 최소한 다리에 밧줄이라도 묶거나 낙하산을 메고 뛰어내려야 한다.

지출내역을 알았다면 고정비를 줄이려는 노력도 병행해야 한다. 매달 통장에 월급이 들어오는 시간은 곧 끝난다. 추가적인 수입이 없다면 생각보다 돈이 빠르게 줄어든다. 주머니에 여유가 없으면 마음의 여유도 사라진다. 조급함에 무리수를 두거나 무너져버린다.

몸과 마음을 시급히 돌봐야 하는 상황이 아니라면 최소한 방향성은 잡고 회사를 나오자. 퇴사는 끝도 시작도 아니고 과정일 뿐이다. 모든 게 끝나지도 않고 바로 길이 열리지도 않는다. 퇴사는 준비다. 그런데 무엇을 위한 준비일까? 그건 어떤 목표를 가지고 살아가느냐에 달려있다. 거창하거나 구체적일 필요는 없다. 중요한 건 방향이다. 방향을 알아야 길을 잃지 않는다.

안착할 다음 장소를 찾아야 한다. 휴식이어도 좋고, 여행이어도 좋고, 원하는 공부여도 좋고, 사업이라도 좋다. 퇴사 후에도 시간은 흐르고 그 시간에 대한 책임은 나 자신이 진다. 마음의 여유를 갖고 찬찬히 탐색해보자. 어차피 준비는 완벽할 수 없다. 완벽하니까 나오는 게 아니라, 완벽해지려고 나오는 거다. 바라는 삶에 조금이라도 가까워질 수 있게끔.

회사를 빼면 나는 누구일까

  난 항상 어딘가에 속해있는 사람이었다. 가족에, 학교에, 군대에, 회사에 소속되었다. 재수생이나 휴학생 시절도 있었지만 여전히 돌아갈 곳이 있었다. 퇴사를 하고 나면 그야말로 자연인이 된다. 난 그냥 나다. 이렇게 말할 수밖에 없다.

  하지만 그것만으로 충분하지 않을 때가 있다. 낯선 이에게 나를 소개할 때, 명절 때, 자신에 대해 생각할 때조차도. '회사 다니고 있어요'하면 편할 것을 구구절절 사족을 붙여야 한다. 치열한 자본주의 사회에서 '감히' 쉬고 있다는 말을 할 수 없다면 말이다. 하다못해 취준생이어야 하고, 고시생이어야 하고, 질병으로 몸져누운 환자여야 한다. 그 정도는 되어야 주변의 따가운 시선을 조금이라도 피할 수 있다.

  퇴사를 결심하고 이직을 포기한 순간, 무거운 짐을 자진해서 떠안아야 한다. 나야 신경 안 쓴다고 쳐도 우리 부모님은? 이렇게 생각하면 끝이 없다. 한국은 대표적인 집단주의 및 관계주의 사회다. 독립적으로 살아가기에는 척박하다. 끊임없이 쏟아지는 타인의 시선과 자기 검열, 은근한 죄책감이 항상 어깨를 짓누른다. 이렇게 말하는 나조차 남을 함부로 판단한다. 그 사람에게 어떤 영향을 주는지도 모르고.

사실 소속은 정체성과도 관계가 깊다. 나는 누구인가? 이 질문에 대한 답이 정체성이다. 소속은 손쉬운 답변을 제공한다. 어느 회사 어느 부서의 어느 직책이라고 말하면 해결된다. 반대로 소속을 제외하고 자신을 설명해보자. 가족, 회사, 학교 등 집단을 빼놓고 나를 누구라고 말할 수 있을까? 놀랍게도 당장 떠오르는 게 없다.

정체성은 보편성과 특수성을 동시에 가진다. 소속을 빼고 자신을 설명한다는 건 결국 특수성을 캐내는 작업이다. 다만 한국 특유의 집단주의, 관계주의 문화 탓에 고유한 특성을 찾기가 조금 어려울 뿐이다.

한 가지 이유가 더 있다. 바로 특수성에 대한 오해다. 흔히 특수성하면 이마에 커다란 일련번호가 찍혀있는 이미지가 떠오른다. 세상에서 오로지 나만이 가지고 있는 무언가. 그게 특수성이라고 생각한다. 그런 게 정말 있을까? 아무리 특이한 취향, 고도의 기술, 빼어난 외모를 가지고 있어도 그게 과연 고유할까?

한두 가지의 특성으로 나라는 존재를 온전히 담아낼 수는 없다. 그건 환상이다. 특수성은 실은 보편성의 묶음이다. 특성 자체는 보편적이지만 특성의 조합은 고유하다. 컴퓨터는 0과 1로 세상의 모든 지식을 담아낸다. 끝없이 이어진 두 숫자의 조합 덕분이다. 사람은 더 유리하다. 전 세계 인구가 고작해야 80억 명인 데다 수천, 수만 가지 특성으로 이루어져 있으니까.

'나는 누구인가'라는 질문은 결국 보편성의 조합을 서술하는 과정이다. 그리고 개인은 오로지 그 '묶음의 묶음'으로 자신의 고유성을 설명할 수 있다. 앞서 말한 소속도 사실 나를 설명할 훌륭한 단서가 된다. 특성 하나하나가 곧 나라고 단정 지을 수는 없다. 특성이란 바뀌기 마련이고 사라질 수도 있기 때문이다.

나는 단일한 하나의 실체가 아니다. 영속적이지도 않다. 나라는 존재는 끊임없이 변화하고 상황과 맥락에 따라 다른 모습을 보인다. 페르소나도, 내면에 있는 이드(id)나 에고(ego)도 나다. 정확히는 나를 이루는 요소다. 자신을 받아들인다는 건 그 모든 파편을 끌어안고 긍정한다는 걸 뜻한다. 회사를 다니는 나도 나고, 회사를 다니지 않는 나도 나다.

이를 잊으면 자신을 부정하게 된다. 정체성의 혼란을 겪는다. 퇴사를 하면? 이제 나를 뭐라고 해야 하지? 회사원이 아닌 자신을 상상하지도, 성찰하지도 않았기에 벌어지는 일이다. 평생 회사만 바라보며 살다가 퇴직을 하면 헛헛함을 느끼는 이유도 여기에 있다. 이들에게도 회사 밖에서의 삶이 있지만 둘은 온전히 통합되지 않았다. 오히려 회사에서의 나와 바깥에서의 내가 분리되어 있다. 자아분열은 자아 부정으로 이어진다.

회사를 빼면 나는 누구일까? 이 질문에 자신 있게 대답할 수 없다면 자신을 잘 돌아보자. 내가 뭘 좋아하고, 뭘 잘하고, 뭘 못하고, 뭘 싫어하고, 어떻게 살고 있고, 누구와 관계를 맺고 있고, 어떤 성격인지. 어떤 보편성과 고유성을 가지고 있는지. 그리고 그 모든 답이 나라는 거대한 바구니 속에 잘 담겨 있는지.

시간의 빈 공간을 두려워 하지 말자

무료한 주말 오후. 가끔은 이 순간이 아찔하다. 평일에 그토록 바라던 시간이었건만 아무것도 안 하고 누워만 있는 나 자신을 보면. 알고 있다. 넷플릭스를 보거나, 핸드폰을 들여다보거나, 하다못해 잠이라도 자면 된다는 걸. 그런데 K-직장인 특유의 생산 강박증 때문일까? 뭔가 생산적인 일을 해야 할 것만 같아 안절부절. 내 패턴을 완전히 파악한 유튜브 알고리즘도 재미가 없다. 천장만 멍하니 바라본다. 그렇게 시간이 간다.

하지만 진정 두려운 건 생산적이지 못한 주말 오후가 아니라 그 시간을 무의미하게 여기는 나 자신이다. 어느 순간이건 인생에서 그렇게 쉽게 지워버리려 하다니. 살아 숨 쉬는 시간 하나하나가 모여 삶을 이루기 마련인데. 고된 업무 뒤에 찾아오는 잠깐의 휴식에도 이토록 무료함을 느낀다면 퇴사 이후에는 오죽할까. 광활하게 펼쳐진 시간의 빈 공간을 어떻게 채워야 하나. 그리고 그 안에서 어떤 감정을 느낄까.

'퇴사하면 뭐 할 건데?'라는 질문은 크게 두 가지 속뜻을 갖는다.

1. 회사에서 주는 월급 말고 어떻게 돈을 벌건데?
2. 그 긴 시간 동안 뭘 하면서 살 건데?

태연한 척하지만 사실 속으로 뜨끔하다. 아직 모두에게, 그리고 나 자신에게 들려줄 멋진 대답이 없어서다. '어떻게든 되겠지'라는 말로 넘기기엔 너무나도 현실적인 문제. 돈 그리고 시간. 사실 돈이야 벌면 된다. 어떻게든(⋯.)

새장 안에 갇혀있던 새는 막상 문이 열려도 나가길 주저한다. 등을 떠밀어도 계속 새장에 미련을 가진다. 높이 튀어 오르는 벼룩도 몇 번 천장에 머리를 부딪히면 자기 능력보다 낮게 된다. 학습된 무기력은 생각보다 뿌리가 깊다. 자유란 준비되지 않은 자에게는 차라리 저주에 가깝다.

퇴사를 하고 나면 어쩐지 더 알차게 살아야 할 것 같다. 회사에서 보내던 하루의 3분의 1을 통째로 들어내니까. 거기에 출퇴근하는 시간, 출근하려고 준비하는 시간까지 합치면 생각보다 많다. 안 그래도 불안한데 한없이 늘어져있다면 불현듯 공포가 엄습해온다. 뭐라도 해야 하는 거 아닌가? 나오기 전에 계획을 철저하게 세워도 마찬가지 아닐까. 시간의 주인이 되는 일, 쉽지 않다.

돌이켜보면 사실 지금도 마찬가지다. 퇴근해서 집에 심심하게 앉아있으면 불안하다. 이것저것 루틴에 집어넣다 보니 어느새 하루가 꽉 찬다. 이보다 더 알찰 수 없게 하루를 보내고 자리에 누우면? 엄청 피곤하다. 그대로 기절했다가 아침에 일어나 출근 준비를 한다. 거의 좀비에 가깝다.

회사에서도 그렇다. 맨날 바쁘다고 노래를 부르지만 비는 시간이 반드시 생긴다. 사방에서 재촉하는 잔소리를 듣기 싫어 일을 빠르게 끝내 놓는 날에는 말이다. 손목은 시큰거리고 눈도 뻑뻑하다. 분명히 의자에 앉아있는데 숨이 차다. 거기에 상사의 지적사항이 줄줄이 들려온다면? 미쳐버린다.

사실 알차게 살려고 마음먹으면 끝이 없다. 몸이 건강해야 하니까 운동도 해야 하고, 교양인으로서 악기도 하나 배워야 하고, 사회인답게 재테크 공부도 잊으면 안 되고, 퇴사를 하려면 다음 먹거리도 준비해야 하고, 인스타그램에 올릴 맛집 탐방도 하고, 사람들과 교류하기 위해 독서모임도 나가고, 코로나 풀리면 나갈 해외여행지도 검색해야 한다.

이 순간 유일한 사치는 쉬는 거다. 아, 조금 허전한데 음악이라도 틀까? 좋은 음악을 들으니 글이라도 쓰고 싶어 진다. 그렇게 휴식은 끝이 난다.

산업화 이후 노동은 '정상적인' 인간의 소양이 된다. 병신, 장애인 등의 표현이 욕설이 된 사유도 여기에 있다. 병든 육체를 이끌고 남들과 같이 노동하는 건 힘든 일이니까. 노동하지 않는 인간은 사회에서 받아들여지지 않는다. 사회는 항상 부가가치를 생산하라며 뒤에서 채찍을 들고 덤빈다. 쉬지 말고 일해라, 공장에 있는 기계처럼.

매일같이 퇴사하고 싶다고 부르짖으면서도 사표를 쓰지 못한다. 남들의 시선에 짓눌리고 내면에서 피어나는 불안함을 이겨내지 못하니까. 나약하다는 소리가 아니다. 그만큼 안팎으로 잔뜩 눌려있다. 다른 대안은 전혀 생각하지 못할 정도로. 정작 자유를 얻어도 그 시간을 온전히 누리지 못할 정도로.

스페인 산티아고 순례길을 걸을 때 가장 먼저 다음 마을에 도착하는 건 단연 한국인이다. 새벽같이 일어나서 쉬지 않고 걸으니 당연한 결과다. 풍경은 잠깐 서서 사진 몇 장에 담으면 그만이다. 갈길이 멀다. 발걸음을 재촉한다. 뒤에서 누가 따라오는 것도 아닌데. 한국인의 마음속엔 컨베이어 벨트가 하나씩 있다. 어떻게든 앞으로 나가지 않으면 뒤쳐져 나락으로 떨어진다. 저렇게 되면 안 된다는 절박함이라니.

순례길에서도 안식을 얻지 못한다면 대체 어디서 쉴 수 있을까. 휴식은 죽어서 영원히 누릴 수 있다는 말이 섬뜩하게 들리는 건 나뿐일까. 이렇게 말하는 나도 급하디 급한 한민족의 피를 제대로 이어받았다. 가만히 누워서도 마음을 급하게 만드는 재주가 있다니. 참 대단하다.

시간에는 본디 정해진 용도가 없다. 자유롭게 쓰면 된다. 알차게 살든 빈둥거리며 살든 내 인생이다. 별 생각이 다 든다. 이제 정말 퇴사가 얼마 남지 않았나 보다.

그놈의 퍼스널 브랜딩

플랫폼 프로바이더(Platform Provider)가 되거나 콘텐츠 크리에이터(Contents Creator)가 되거나.

책 〈그냥 하지 말라〉의 결론이다. 인공지능과 글로벌 소싱에 의해 인력이 대체되는 시대다. 단순한 기술의 숙달로는 일자리를 잃고 만다. 직업이나 일이 자존감에 얼마나 큰 영향을 미치는지를 고려한다면 이는 인간의 존재 이유를 건드린다.

플랫폼 프로바이더는 말 그대로 각종 플랫폼 서비스를 소비자에게 제공하는 주체를 말한다. 구글, 카카오, 인스타그램 등의 플랫폼을 생산하고 운영할 수 있다면 살아남는다. 문제는 플랫폼을 제공할 수 있는 사람이 극히 소수라는 점에 있다. 노동집약적인 제조업에 비해 플랫폼 사업에는 많은 인원이 필요하지 않다. 플랫폼 기업인 아마존이 창출한 일자리보다 없어진 일자리가 더 많다.

콘텐츠 크리에이터는 플랫폼을 이용해 자신만의 이야기를 들려주는 사람이다. 유튜브를 필두로 블로그, 팟캐스트, 전자책, 온라인 강의 등 다양한 형식이 존재한다. 이들은 스토리 텔링(Story Telling), 더 나아가 퍼스널 브랜딩(Personal Branding)을 통해 콘텐츠를 제공한다. 이야기가 일관성을 가지며 정체성이 되는 순간 그 사람은 브랜드가 된다.

그렇다면 브랜드는 뭘까? 저마다 정의는 다르겠지만 내가 생각하는 브랜드는 특정한 상(像)이다. 로고, 브랜드명, 프로모션, 제품, 서비스 등은 브랜드의 요소지만 브랜드 자체는 아니다. 앞서 언급한 요소를 브랜드 자산이라고 부른다면, 그 자산에서 느껴지는 일관된 감정이나 이미지가 브랜드다.

브랜드는 만들어지기도 하지만 동시에 해석되기도 한다. 브랜딩 전략을 통제할 수는 있지만 일반 소비자가 어떻게 받아들일지 제어하는 건 거의 불가능하다. 그래서 브랜딩이 어렵다. '오늘부터 우린 고급스러운 브랜드가 되겠어, 당장 힙한 브랜드가 되겠어'하고 선언해봐야 소용이 없다. 브랜딩에는 시간이 걸린다. 자산을 하나씩 쌓아 올려야 한다. 지난한 과정이다.

브랜딩의 개념을 개인에게 적용하면 퍼스널 브랜딩이 된다. 좋다. 계속해서 일하려면 현실적으로는 콘텐츠 크리에이터가 되어야 하고, 퍼스널 브랜딩도 해야 한다. 그런데 대체 어디서부터 시작해야 할까? 혹자는 멋진 로고를 만들거나 여러 플랫폼을 활용해야 한다고 말한다. 하지만 이건 브랜드의 상징물을 하나둘씩 끼얹는 과정일 뿐이다. 브랜드는 일관성을 토대로 확장되어야 하며, 일정한 상(像)을 심어주어야 한다.

이걸 가장 잘하는 게 연예인이다. 보통 연예인하면 떠오르는 이미지가 있다. 컨셉이든 원래 성격이든 간에. 그 이미지를 토대로 팬층이 생기고 자연스레 브랜딩으로 이어진다. 아예 기존 브랜드를 가지고 사람을 설명하는 경우도 있다. '인간 구찌'나 '인간 샤넬' 같은 예시가 대표적이다.

다만 연예인과 (나를 포함한) 일반인의 접근 방식은 달라야 한다. 연예인은 사람 자체가 하나의 콘텐츠가 된다. 하지만 보통 사람이 줄 수 있는 건 메시지다. 퍼스널 브랜딩 관점에서 보면 '나라는 사람'보다 '내가 주는 메시지'가 더 중요하다. 다른 이의 관심이 '나'에게 와닿으려면 시일이 걸린다. 그래서 브이로그나 일기를 매일 올려도 반응이 대개는 뜨뜻미지근하다. 다른 사람은 나에게 별로 관심이 없다.

반면 메시지는 곧바로 사람의 마음에 닿을 수 있다. 물론 전제조건은 있다. 재밌거나, 유용하거나, 감동적이어야 한다. 만약 내 콘텐츠가 재미도, 유용함도, 감동도 없다면 다시 생각해야 한다. 자기만족만을 위해 생산하는 게 아니라면 말이다.

그럼 어떻게 남에게 와닿는 콘텐츠를 생산할 수 있을까? 좋은 콘텐츠, 나아가 좋은 브랜드는 질문에서 시작한다. 꼭 특별하지 않아도 된다. 아주 뻔하디 뻔한 질문에도 제대로 답을 못하는 게 사람이다. 질문을 던지고 거기서 답을 찾아나간다. 그럴듯한 해결책이 나온다면 다행이고, 아니라도 상관없다. 답을 찾아나가는 여정은 훌륭한 이야기가 된다.

물론 아무 질문이나 막 던지면 안 된다. 퍼스널 브랜딩을 하고 싶다면 말이다. 퍼스널 브랜딩에는 단골손님이 필요하다. 한마디로 '내 사람'이다. 이들은 팔로워나 구독자 등으로 불리기도 하지만 꼭 같지는 않다. 내 블로그나 유튜브 채널, 인스타그램 계정에 방문한다고 해서 모두가 남지는 않는다. '내 사람'은 남아있는 사람이다. 내가 던지는 질문과 대답에 귀를 기울이고 자리에 앉아 다음 이야기를 기다린다.

이는 자기만족이나 상업화를 넘어서는 인간과 인간 사이의 조응이다. 아무도 들어주지 않던 이야기를 누군가가 들어준다는 경험. 이건 유명인만 누리던 특권이다. 이제 이야기는 보다 더 세분화된다. 이야기를 생산하는 주체가 더 다양해졌고, 이를 뒷받침 할 플랫폼이 대중화되었다. 개인이 미디어를 소유한다는 개념은 불과 20년 전에는 없던 일이다.

이제 개인화된 플랫폼과 알고리즘의 도움으로 정확히 타겟팅(Targeting)을 할 수 있게 되었다. 좋은 질문은 타겟을 겨눈다. 아무렇게나 총을 난사하면 과녁에 맞기는커녕 자기 발을 맞출 수도 있다. 이야기에는 일관성이 필요하다. 그 일관성을 부여해주는 게 타겟팅이다.

퍼스널 브랜딩 관점에서의 타겟팅은 기업의 브랜딩과는 조금 의미가 다르다. 기업은 외부 전문가를 고용해 계속 자신을 치장할 수 있다. 하지만 개인은 금세 밑천이 드러나고 만다. 한 사람이 생산할 수 있는 이야기는 대개 한정적이다. 그래서 오히려 더 유리하다. 뻔한 질문에 대한 자신만의 대답을 계속 들려주면서 일관된 메시지를 전달할 수 있으니까.

결국 자신을 알아야 한다. 내가 어떤 이야기를 할 수 있는 사람인지, 어디까지 나아갈 수 있는지, 내면에는 어떤 질문이 움트는지. 퍼스널 브랜딩하면 대개 상업적인 결과물에 초점을 맞추지만 이는 자아를 탐구하는 과정이기도 하다. 이야기를 통해 자기 자신을 만나고, 그 만남을 또 이야기로 재생산한다. 이야기를 계속하려면 더 깊이 파고들어야 한다. 어떤 주제라도 상관없다. 그렇게 전문가가 되어가고, 퍼스널 브랜딩이 절로 이루어진다.

퍼스널 브랜딩이 하고 싶다면 우선 내면을 관찰하자. 질문을 던지고 답을 찾아나가자. 이야기를 플랫폼으로 공유하고 내 사람을 모으자. 그렇게 모인 사람과 함께라면 무엇이든 할 수 있다. 흔히 생각하는 브랜딩의 모습과는 다르다. 역설적이지만 브랜딩을 생각하지 않아야 브랜딩이 된다. 좋은 브랜드는 그렇게 만들어진다.

회사를 나오는 게 능력이야

 옆팀 과장님과 퇴사 얘기를 하다가 이런 말을 들었다. 요새는 회사를 박차고 나오는 게 능력이라고. 떠나야 할 때가 언제인지를 알고 떠나는 이의 뒷모습은 아름답다고 했던가. 그 '떠나야 할 때'를 선택할 수 있고, 다음 목적지를 향해 걸어갈 수 있는 용기 그리고 자유라니. 사실 자유란 거저 주어지지 않는다. 누구나 회사를 나올 수 있지만 아무나 나오는 건 아니다. 대책 없이 탈출 버튼을 눌렀다가 어떤 일이 벌어질지 모르니까.

 처음 퇴사를 하겠다고 했을 때 부모님이 그랬다. 요즘 같은 세상에 뭘 믿고 나오냐고. 난 말했다. 난 날 믿는다고. 부모님은 헛웃음을 짓고 말았지만 나름 진지했다. 내가 나도 믿지 못한다면 이 힘난한 시간을 어떻게 견뎌낼 수 있을까. 다만 자신에 대한 맹목적인 믿음은 그저 만용에 불과하다. 내 선택이 자유로이 세상을 유영하려면 능력에 기반해야 한다.

 아무리 확실해 보이는 길이라도 매 순간이 도전이다. 재수를 하러 서울에 올라왔을 때, 연고도 없는 지역에 취업했을 때, 그리고 퇴사를 결심한 지금도 하나하나가 쉽지 않다. 어떻게든 자신을 그 안에 던져 넣고 살아남으려 애쓴다. 힘들지만 어떻게든 해낸다. 매번 주어지는 과업에도, 사람들과의 관계에도, 일상에도 적응한다. 그것도 '잘' 적응하는 사람이 된다. 그렇게 나에 대한 믿음을 차곡차곡 쌓아간다. 넌 어딜 가도 잘할 거라는 주변 사람들의 응원은 덤이다.

회사를 나오고 싶었다. 회사를 다니기 전부터. 그 오랜 소망을 이루기 위해 움직였다. 주변에서는 잘 다니다가 '갑자기' 왜 퇴사를 하느냐며 묻는다. 아니다. 갑자기가 아니다. 퇴사를 향한 결심은 예전에 하늘을 향해 쏘아 올려졌다. 이제야 목적지에 닿았을 뿐이다. 사실 모르는 게 당연하다. 타인은 결과만을 본다. 과정을 담담하게 견뎌내는 건 나의 몫이다.

그럼 왜 회사를 나오고 싶을까? 자유롭고 싶으니까. 투자 공부를 하고, 디지털 노마드스러운 여러 활동을 하기도 하고, 돈도 차곡차곡 모았다. 회사는 종착역이 아니다. 그저 베이스캠프다. 사실 베이스캠프에서의 삶도 쉽지 않다. 시설도 열악하고 밖에는 찬바람이 분다. 그래도 맨몸으로 풍파를 받아내는 것보다야 낫다.

베이스캠프는 원정의 목적지가 아니다. 목적지로 가기 위한 수단이다. 수단에 매몰되어 너무 오래 머무르면 목적을 잊는다. 안온함에 젖어 안주한다. 그런 삶에도 의미가 있지만 충분하지 않다. 적어도 나에겐 그렇다. 그렇다고 모든걸 내팽개치고 바로 뛰쳐나갈 수는 없다. 충분히 정비도 해야 하고 좋은 날씨도 기다려야 한다. 언제 때가 올지는 알 수 없다. 아무도 말해주지 않는다. 스스로 찾아야 한다.

사람은 저마다 마음속에 정상 하나씩을 품고 산다. 누군가는 에베레스트에 올라야 하고, 다른 누군가는 동네 뒷산으로도 충분하다. 꼭 최고를 지향할 필요는 없다. 최고의 자리를 위해선 많은 걸 희생해야 한다. 어쩌면 삶 그 자체를. 그러고 싶지는 않다.

그럼 회사를 나오려면 구체적으로 어떤 능력을 쌓아야 할까? 거꾸로 생각해보자. 왜 회사에 남아있을까? 돈을 주고, 소속감도 주고, 삶의 목적에 다가갈 수 있으니까. 즉 다음 세 가지다.

1. 이윤 창출: 재능과 흥미가 세상의 필요와 만나서 경제적 가치를 만들어야 한다.

2. 인적 네트워크: 내 사람을 모아야 한다.

3. 자아성찰: 나를 알고 목적을 세워 살아가야 한다.

이 세 가지는 인생의 가장 큰 화두다. 회사가 인생에서 중요한 이유도 여기에 있다. 삶의 여러 문제를 해결해준다. 그러다 회사 자체가 문제가 되는 시점이 온다. 자산 가격의 폭등으로 월급이 오히려 독이 된다든지, 폐쇄된 커뮤니티에서 비슷한 사람만 만나거나, 목적을 잃고 방황하게 만들기도 한다. 사실 회사가 아니라 상황을 바꾸지 못하는 내가 문제다.

회사를 욕하면서도 한편으로는 이게 내 얼굴에 침 뱉기라는 생각이 든다. 능력이 있다면 뒤돌아서면 그만이다. 그러지 못하니 무너진 자존감을 세우기 위해 화풀이 대상을 찾았다. 가끔은 섬뜩하다. 상황을 개선하지 못하고 그저 무기력만 반복하는구나. 반복된 무기력은 체념과 절망으로 이어진다. 축 늘어져 아무 의욕도 생기지 않는다. 그렇게 살고 싶지 않다.

1. 이윤 창출

　이윤 창출이라고 썼지만 아이러니하게도 '돈' 그 자체가 목적이 되면 쉽게 동력을 잃는다. '내'가 없기 때문이다. 내가 가진 재능과 흥미를 세상의 필요와 일치시켜야 한다. 아무리 세상이 필요로 해도 하고 싶지 않거나 할 수 없다면 소용이 없다. 반대로 아무리 잘하고 좋아하는 일이라도 아무도 찾지 않는다면 의미가 없다. 이윤은 '나'와 '세상'의 교차점에서 나온다.

　자원봉사나 취미활동, 그리고 일은 이 지점에서 구분된다. 서비스나 제품을 제공하고 경제적인 대가를 요구할 수 있어야 한다. 재능과 흥미는 이 전체 과정을 끌고 갈 수 있는 가장 강력한 동기가 된다. 좋아하고 잘하는 일을 해야 하는 이유다. 한편으로는 타깃이 뭘 필요로 하는지 끊임없이 고민해야 한다. 관찰과 공감은 좋은 동반자다. 세상이 가진 필요는 수요로 이어지고 거기에 나만의 틈새가 보인다.

2. 인적 네트워크

흔히 인적 네트워크 하면 사교모임에 나가거나, 명함을 돌리는 이미지가 생각난다. 반쯤은 맞는 말이다. 다만 여기서의 인적 네트워크는 '내 사람'을 모으는 과정이다. 이해관계에 따라 언제든 뒤돌아서는 이가 아니라, 나의 이상과 신념 그리고 인간적인 매력에 끌리는 사람들. 친구라기보다는 팬에 가깝다. 결국 모든 일은 사람을 대상으로 한다. 사람을 모아야 어떤 일이든 할 수 있다.

사람은 혼자 살 수 없다. 사회적 고립은 실제로 수명을 단축시킨다. 모두와 친구가 될 필요는 없지만 최소한 적을 만들지 않으면서 다양한 사람과 소통해야 한다. 다른 사람은 그 자체로 최고의 경험이다.

3. 자아성찰

자아성찰은 인생을 목적을 세우는 데 도움이 된다. 인생은 대체로 재미없고 대체로 무의미하다. 행복은 금방 사라지고 슬픔도 무뎌진다. 다만 살아가는 목적이 있다면 길을 잃지 않고 걸어갈 수 있다. 삶이 어떻게 펼쳐질지 알 수 없지만 적어도 어디로 가야 하는지는 안다. 실패해도 좋다. 그 목적지에 뭐가 있든 소임을 다했으니까.

사실 나를 안다는 건 모든 일의 출발점이면서 종착지이기도 하다. 나에게서 세상으로, 다시 나에게로. 인생의 흐름은 그렇게 이어진다. 삶이 의미 있다는 그 한 가지 확신을 얻기 위해 발버둥 친다. 빅터 프랭클 박사는 현대사회의 가장 큰 문제로 '실존적 공허'를 꼽는다. 인간은 다른 동물과는 달리 자의식을 가지고 있고 종교 같은 거대담론의 영향력도 예전 같지 않다. 현대인은 역사상 처음으로 자신에게서 의미를 뽑아내야 하는 과제를 떠안는다. 개인적으로는 인생의 가장 거대한 목표로 생각하고 있다. 어떻게 의미 있게 살 수 있을까?

퇴사해도 지구 안 망하네요

퇴사도 하고 이사도 하느라 바쁜 일주일을 보냈다. 정리할 것도 산더미다. 그냥 몸만 빠져나올 문제는 아니었나 보다. 새로운 공간, 새로운 시간. 예전에도 몇 번이나 사는 지역을 옮겼던 터라 적응하는 데는 무리가 없지만 그래도 매번 아쉬운 부분은 생긴다. 그래도 전에 살던 곳에서는 이게 좋았는데 하면서. 하지만 후회는 없다. 미련도 없고. 이제는 앞으로 나아갈 시간임을 알아서다.

주변에서 물어본다. 퇴사하니까 좋냐고. 만약 좋냐 나쁘냐로 대답해야 한다면 '매우 만족'이라고 대답하련다. 적어도 하기 싫은 일을 하지 않으니 불필요한 스트레스는 없다. 내가 인생에 바라는 건 이토록 대단치 않은 무언가다. 그저 나만의 시간을 보내며 한가로이 하루를 만끽하고 싶다. 지금은 그렇다.

거의 처음으로 아무런 소속 없이 세상 밖으로 나갔다. 회사 밖은 지옥이라는데 아직은 실감이 나질 않는다. 기간이 얼마 되지 않아서일까? 아니면 원래 세상이라는 게 나와는 관계없이 그저 흘러갈 뿐이어서일까? 바깥에서 벌어지는 일은 중립적이다. 거기에 의미를 부여하고 감정이 요동치는 건 나 자신이다. 퇴사를 하든 안 하든, 놀든 일하든 지구는 계속 돌아가고 난 그 위에서 숨을 쉰다. 퇴사해도 지구는 돈다.

어떤 대단한 일이 일어나리라고 생각하는 건 일종의 자의식 과잉이 아닐까. 사춘기 때 조그마한 실수를 해도 얼굴이 빨개지는 것처럼. 사실 타인은 내게 관심이 없다. 대체로 그렇다. 사람은 아무런 소속 없이 태어난다. 그저 그 상태로 돌아갈 뿐이다.

언젠가는 다시 일을 시작해야 한다. 이번에 가입한 실손 보험비를 내기 위해서라도. 하지만 적어도 원하지 않는 일을 하지는 말자고 다짐했다. 지난 3년간 알게 모르게 많은 상처를 받았다. 회사 때문이기도 했지만 어찌 보면 그게 다가 아니다. 난 나에게 상처를 받았다. 이런 일밖에 못하는 나에게. 단순히 회사의 네임밸류나 직급 문제가 아니라 자아에 관한 문제다. 그저 할 수 있는 일을 했고, 그 일은 맞지 않았다.

그럼 어떻게 맞는 일을 찾을 수 있을까? 이 질문이 중요한 이유는 일 자체가 삶과 맞닿아 있기 때문이다. 그런데 단순히 맞는 일을 찾는 과정이라고 하면 너무나도 추상적이다. '너의 내면을 따라라, 꿈을 좇아라'만큼 공허해 보이기도 한다. 올바른 말이라도 구체적인 실천 방법이 없다면 공염불에 불과하다.

1. 넓은 경험
2. 깊은 성찰
3. 방향 설정
4. 반복 실행
5. 천직 탐색

1. 넓은 경험 - 난 이런 일을 했다

철학자 칸트는 고향인 쾨니히스베르크를 벗어나지 않고도 깊은 통찰에 이르렀지만 대개는 그렇지 못한다. 직접적이든 간접적이든 다양한 경험을 해야 한다. 인스타그램 피드를 위해서도 아니고, 트로피처럼 진열하기 위해서도 아니다. 경험은 내면에 재료를 쌓는 과정이다. 냉장고에 뭐라도 있어야 요리를 할 수 있는 것처럼 경험이 있어야 방향을 설정할 수 있다.

사람이 할 수 있는 최고의(그리고 최악의) 경험은 다른 사람이다. 나도 그렇지만 누구나 관계에 있어서는 보수적이다. 패러글라이딩이나 인도 요리에는 쉽게 도전하는 이들도 자신과 결이 다른 사람과의 만남은 주저한다. 사람은 경험의 총체다. 그래서 타인을 만난다는 건 그 경험의 총체를 마주하는 과정이다. 다양한 연령대, 성별, 사회적 배경을 가진 이들과 교류해야 한다.

2. 깊은 성찰 - 난 이런 사람이다

경험을 통해 재료를 넣었다면 이제 성찰의 시간이다. 성찰은 사람을 깊어지게 한다. 무엇이든 스스로 판단하여 관념을 형성해야 한다. 작게는 '내가 무엇을 잘하는가?' 내지는 '나는 무엇을 잘하는가?'라는 질문을 던질 수 있다. 더 나아가면 비전이나 목표, 삶의 의미 같은 더 깊숙한 비밀을 캘 수도 있다.

성찰은 산소통을 매고 심해까지 내려가는 잠수부와 같다. 빛도 제대로 들어오지 않는 곳이지만 물을 저어 나아가는 한 뼘의 거리만큼 밝혀진다. 그렇게 조금씩 조금씩 더 깊은 사람이 되어간다. 뭐든 받아들이고 소화할 시간이 필요하다. 가만히 앉아 명상을 해도 되지만 밖을 거닐어도 좋고, 글을 쓰거나 누군가와 대화를 나눠도 된다. 표현하는 과정에서 생각은 구체화된다. 표현하려면 알아야 하기 때문이다.

3. 방향 설정 - 난 이렇게 살 것이다

이 글에서 말하는 경험과 성찰에는 분명한 목표가 있다. 목표가 없다면 경험은 유희에, 성찰은 찰나의 공상에 그치고 만다. 나에게 맞는 일이라는 목적지를 기억하고 방향을 설정해보자. 아주 구체적일 필요는 없다. 방향이란 주변의 상황과 시대의 흐름 등 온갖 요소에 의해 바뀌기 마련이다. 다만 큰 그림은 그려야 한다. 그렇지 않으면 길을 잃고 만다.

이는 일종의 선언이다. 어떤 방향성을 가지고 살겠다는 선언. 문장의 형태로 정의할 수 있다면 좋고 키워드로 살펴보는 방법도 있다. 예를 들어 난 '글쓰기, 인생, 고요함, 철학' 등의 키워드를 발견했다. 정확한 길은 모르더라도 방향 정도는 잡아가고 있다. 나침반을 놓고 북쪽으로 향하는 여행자와 같다. 적어도 설정한 방향과 반대되는 길은 걷지 않는다. 거기엔 내 자리가 없다는 걸 지난 세월 동안 뼈저리게 알았으니까.

4. 반복 실행 - 난 매일 이렇게 실천한다

여기까지는 머릿속에서 일어난다. 이제 실천해야 한다. 뭐든 하나라도 붙잡고 실행에 옮겨야 한다. 그것도 반복적으로. 당장 성과가 나지 않더라도 매일 무언가를 쌓아 올려야 한다. 방향만 옳다면 언젠가는 빛을 본다. 설령 가시적인 결과를 내지 못해도 과정을 즐겼다면 됐다. 경험과 성찰을 통해 나에게 맞는 방향만 설정했다면 이 길에 실패란 존재하지 않는다. 과정 자체가 성공이니까.

실행은 열정보다는 관성으로 끌고 가야 한다. 초심은 시간이 지나면 사라진다. 누구나 그렇다. 열정과 의지력은 분명 멋진 동행이지만 언젠가는 곁을 떠난다. 실행할 수밖에 없는 환경을 만들어야 한다. 루틴을 짜든 장소를 옮기든 시스템을 구축해야 한다. 자신을 너무 믿진 말자.

5. 천직 탐색 - 난 나만의 일을 찾는다

하루 이틀 결과물이 쌓이면 일정한 흐름을 엿볼 수 있다. 나만의 무언가가 만들어진다. 맞는 일을 찾으려면 그 일에 나를 한껏 담아내야 한다. 그렇지 않으면 쉽게 대체된다. 또 애초에 흥미가 잘 생기지 않는다. 사람은 누구나 의미를 추구한다. 어딘가에 나를 담아내는 일만큼 의미있는 게 있을까? 하다못해 악명이라도 흔적을 남기고 싶어 하는 마음, 그게 인간의 본능적인 욕망이다.

천직을 찾는 데는 시간이 걸린다. 매일의 실행을 통해 하나씩 만들어가야 하고, 그 이전에 풍부한 경험과 깊은 성찰이 필요하기 때문이다. 수시로 방향을 점검해야 하고 흐름에 맞춰 변화도 해야 한다. 말은 쉽지만 정말 어려운 과정이다. 하지만 나에게 맞는 일이 뭔지 고민이라면, 조금 더 나다운 인생을 살고 싶다면 시도해야 한다. 그렇게 하루하루 잘 살고 있다는 확신을 얻고, 삶에는 의미가 생긴다. 그 살아있다는 느낌을 위해 일생을 바치는지도.

우린 기간제 직장인 그리고 백수

다시는 직장에 들어가지 않겠다며 호기롭게 회사를 나온 지 2주, 한 채용공고에 붙어버리고 말았다. 퇴사의 아이콘(?)으로 길이길이 남겠다던 계획에 차질이 생겼다.

사건의 시작은 퇴사 당일, 호텔방에 앉아 혼자 지지리 궁상을 떨고 있을 때였다. 관심있는 분야의 기업에서 채용 공고가 올라왔다. 한쪽 문이 닫히면 다른 쪽 문이 열린다지만 이건 거의 환승에 가까웠다. 마침 근무지도 집에서 멀지 않다. 어떤 미지의 존재가 점지해준 자리처럼 보이기도 한다. 그렇게 운명이라고 하기엔 거창하고 우연이라기엔 신기한 마음을 안고 지원서를 보냈다. 결과는 합격. 다음 주부터 다시 기간제 직장인의 삶을 살아갈 예정이다.

굳이 '기간제'라는 말을 붙인 이유는 두 가지다. 우선 해당 포지션은 파트타임 인턴이다. 그리고 모든 사람은 기간제 직장인이다. 동시에 기간제 백수이기도 하다. 사람은 순간의 영원함을 믿지만 대개는 사실과 거리가 멀다. 모든 일에는 끝이 있고 또 새로운 시작이 있다. '평생'직장이 있었던 시절에도 마찬가지다. 죽을 때까지 다닐 수 있는 직장이란 없으며 또 계속 일하지 않고 살 수 있는 사람도 없다. 업의 본질이 그렇다.

순간은 덧없으면서 또 가치 있다. 삶은 유한하기에 귀하다. 나이를 먹을수록 좋아하지 않는 일이나 사람에 시간을 낭비하고 싶지 않다. 하루라도, 한시라도 충만한 삶을 살아가고 싶다. 이렇게 살아도 무료할 때가 있고 그냥 흘려보낼 때가 있는 게 인생이다. 은연중에 이 순간이 영원하리라고 믿기 때문이다. 시간의 유한성을 떠올려야 한다. 시간이 아까우니까.

이렇게 말하는 나도 알고리즘의 노예가 되어 아무 의미 없는 콘텐츠의 나선에 갇혀버린다. 이것만 보고, 이것만 보고 하다가 어느새 자정이 된다. 수면에는 진심인 편이라 자는 시간은 칼같이 지킨다. 아차 싶을 때가 많다. 나만의 시간을 오롯이 보내고 싶어서 퇴사를 했는데. 물론 아직은 쉬는 단계라고 스스로를 위로해본다. 그래 봐야 이제 2주다.

애초에 알차게 시간을 보낸다는 건 뭘까? 자기계발 분야에서 알찬 시간이란 '생산성'이다. 쉽게 말하면 돈이 되어야 한다. 자기가 정한 목표를 달성하거나 사회적 지위를 올리는데 도움이 되어야 한다. 그래서 새벽 시간을 쪼개 미라클 모닝 챌린지를 하거나, 퇴근 후에도 여러 활동을 통해 열정을 불태운다. 자기계발의 가르침은 그래서 쉬이 자기 착취나 번아웃으로 이어진다. 모든 시간이 돈으로 환산되어야 하기 때문이다. 심지어 휴식도 돈을 벌기 위한 예열 과정이 되어버린다.

난 알찬 시간을 '충만함'으로 정의했다. 충만함이란 감정이다. 감정은 현실에 대한 가장 개인적인 해석이다. 개인적인 해석은 내가 가진 비전이나 철학과 맞닿아있다. 가장 자신답게 살아내는 것, 그리고 그 과정에서 가치 있는 무언가를 만드는 것.

간만의 퇴근길

보름 만에 사무실이라는 공간에 처음 발을 들였다. 얼마 전 합격해 오늘부터 시작이다. 정신을 차리고 보니 어느새 퇴근 시간이다. 인사를 하고 사무실을 나선다. 아직 낮이라 하늘에 태양이 밝게 떠있다. 조금은 어색하게 버스를 탔다. 백수 시절보다도 더 이질적이다. 버스를 타고 가다 보니 중학생이 하교를 한다. 나이를 먹으면 먹을수록 왜 집으로 가는 시간은 점점 늦어지는 걸까? 왜 가능한 한 밖에서 최대한 나를 쥐어짜도록 교육받을까?

독일 교환학생 시절, 현지 친구와 길을 걷고 있는데 차가 한창 막혀있다. 시계를 보니 오후 3시다. 왜 이리 차량이 많냐고 물어보니 러시 아워(Rush hour)란다. 충격을 받았다. 한국에서 오후 3시면 한창 일하고 있을 시간인데 벌써 퇴근이라니. 실제로 독일은 OECD 국가 중에서도 근로 시간이 가장 짧은 편이다. 반대로 한국은 최장 근로 시간을 자랑한다. 그러니 인식의 차이가 있을 수밖에.

내가 가진 상식이 상식이 아닐 수 있겠구나 하는 생각이 들었다. 책 〈팩트풀니스〉는 이를 꼬집는 대표적인 저서다. 미디어는 연일 비관적인 뉴스를 쏟아낸다. 하지만 현실은 다르다. 다양한 영역에서 사회적 지표가 극적으로 개선되었으며 현대인은 그 과실을 한껏 누리고 있다.

사실 자연스러운 일이다. 사람은 누구나 자기 우물 안에서 사고하고, 일정한 편견을 갖는다. 직장이라는 우물 역시 마찬가지다. 특히나 전에 다녔던 회사는 아주 폐쇄적인 곳이었다. 세상의 흐름에도 귀를 닫았고, 인사적체가 심해 사람도 거의 순환하지 않았다. 갇혀도 아주 제대로 갇힌 기분이었다. 그런 환경과 문화에서 오는 스트레스가 상당했다. 결국 우물을 스스로 나오는 수밖에 없었다.

홀가분하게 털어버리고 나니 생각보다 별게 아니었다. 그 우물의 안온함이나 깊이가 말이다. 세상에는 정말 수많은 우물이 있다. 이 세상 자체도 하나의 거대한 우물이다. 다만 그 중에서 자신만의 공간을 찾는 게 인생이다. 하나씩 점을 잇다 보면 선이 되고 길이 된다.

길을 찾으려면 경험이 필요하다. 독일 교환학생을 가지 않았다면 3시에도 퇴근할 수 있다는 사실을 알았을까? 하다못해 관련 서적이나 기사라도 접해야 한다. 바깥에는 더 넓은 평원이 펼쳐져 있고, 그 세상을 보려면 우물에서 나와야 한다. 회사 안에서는 보이지 않는 부분이 있기 마련이다. 뭔가를 바꾸려면 억지로라도 몸을 일으켜야 한다.

어려서는 가족이, 조금 자라서는 선생님과 친구가 세상의 전부다. 우리가 어린 시절을 미화하는 이유도 여기에 있으리라. 그땐 좁디좁은 세상에서 행복하게 살았으니까. 나이를 먹고 점점 사회적 활동반경이 넓어지면 더 많은 게 보인다. 다른 이와 나를 비교하고, 심지어는 전 세계 사람과 경쟁을 하게 된다. 일차적으로는 열등감으로 이어질 수 있다. 미디어는 타인의 빛나는 이미지를 열심히 퍼 나른다. 그래서 난 개인적으로 소셜 미디어를 하지 않는다.

우물 밖으로 나간다는 건 실은 행복과는 거리가 먼 행위일지도 모른다. 우물 밖은 춥고, 낯설고, 어색하다. 평일 오후 3시쯤 뻘쭘하게 버스 정류장에 서 있으면 알 수 있다. 특별히 불행한 건 아닌데 그렇다고 엄청 행복하지도 않다. 날 우물 밖으로 이끈 건 오로지 의미였다. 삶이 여기에서 그치면 안 된다는 위기감이 엄습하니 몸이 움직였다. 새로운 우물에 발을 담근 지금, 새삼 느껴지는 진리 하나. 퇴근길은 언제나 즐겁다.

나의 완벽주의에게

 그런 날이 있다. 어디선가 들려오는 작은 소음에도 몸서리가 쳐지고, 싱크대에 묻은 얼룩 하나에도 짜증이 나고, 번거로운 공인인증서 로그인 절차에 더욱 화가 나는 날. 잔뜩 예민해져서 조금이라도 건드리면 터져 버릴 것 같다. 밖으로 나오면 히스테리가 되고, 속으로 삭히면 노이로제가 된다. 그럼 중얼거린다. 완벽주의가 또 도졌구나.

 난 완벽주의자라기 보단 완벽주의증 환자에 가깝다. 완벽주의자는 어딘가 깔끔하고 프로페셔널한 느낌을 준다. '전 완벽주의라서요'라는 말을 하는 사람의 전형적인 이미지와 난 아무래도 맞지 않다. 그저 속으로 씩씩거리는 사춘기 소년 같다. 서툴고 볼품이 없다.

 완벽주의는 두려움에서 온다. 조금이라도 뭔가가 흐트러지면 두려움의 연쇄 폭발이 일어난다. 그렇게 굉장히 사소한 일로도 극단적인 결론에 이를 수 있다. 아주 손쉽게. 조금만 물러서서 생각하면 별게 아닌데 그 당시엔 굉장히 크게 느껴진다. 계속 신경이 쓰이고 당장 나서서 해결하고 싶다.

 그럼 뭐가 그렇게 두려운 걸까? 치부가 드러날까 봐, 사람들에게 인정받지 못할까 봐, 미래가 사소한 일로 한없이 엇나갈까 봐. 어이없는 이유 뿐이다. 어쩔 수 없다. 완벽주의의 무의식 속엔 비합리적인 믿음이 깔려있다. 완벽히 통제할 수 없다. 그저 매 순간 인식할 수 있을 뿐이다. 내가 완벽주의가 도졌다고 알아채는 것처럼.

물론 알아챘다고 해서 바로 완벽주의가 사라지진 않는다. 사실 완벽주의를 배척할 이유도 없다. 완벽주의는 글의 오타를 잡아내거나, 친구에게 신중한 조언을 하거나, 깔끔한 책상을 유지할 때 도움이 된다. 하지만 스스로를 옥죄는 족쇄가 될 수 있기에 경계하고 있다.

전 직장에서도 그랬다. 난 완벽주의증 환자였지만 완벽하진 않았다. 일을 붙들고 꾸물거렸다. 그럴 때마다 어김없이 질책이 날아왔다. 불완전한 결과물을 넘기자니 성에 차지 않았다. 상사는 옆에서 실수를 하나하나 잡아냈다. 유일한 해결책은 빠르고 정확하게 일을 하는 것. 대개 정확성을 희생하긴 했지만 가능한 한 빠르게 업무를 진행했다. 시도 때도 없이 쏟아지는 일을 처리하려면 그 수밖에 없었다. 시큰거리는 손목을 수시로 마사지하며 하나둘씩 쳐낸다.

그렇게 정신없는 와중에 완벽주의증은 옆에서 한 마디 거든다. '그거 그렇게 하는 거 아닌데….' 마음의 소리를 애써 무시한다. 하나하나 완벽하게 봤다가는 시간 안에 절대 끝낼 수 없다. 정신이 없다. 안에서는 양가적인 감정이 시도 때도 없이 충돌한다. 사방에서는 언제 끝나냐며 재촉한다. 그래도 꾸역꾸역 마무리를 한다. 가끔은 시간이 빈다. 전력질주를 하다가 갑자기 멈춘 기분이다. 앉아있어도 숨이 찬다.

일이 하나라도 더 얹어지면 짜증이 난다. 밥상을 다 치웠는데 국을 엎은 격이다. 그렇게 나는 조금 더 짜증을 쉽게 내고, 조금 더 조급한 사람이 되어간다. 그런 기분을 안고 집에 가면 증세가 더 심해진다. 상사가 없으니 거리낄 게 없다. 사소한 일에도 금세 기분이 상한다. 이대로는 안 되겠다 싶었다. 어떡하지?

완벽주의증에는 완벽하지 않아도 완전한 존재가 답이다. 예를 들면 고양이가 있다. 오늘도 출근을 하다가 한 마리를 만났다. 비록 흩날리는 털과 알레르기를 안기는 존재이지만 고양이는 그 자체로 완전하다. 요전에는 산책길에서 치근덕거리는 녀석을 마주쳤는데 세상을 다 가진 기분이다. 자연도 그렇다. 그 먹먹한 고요함 속에 침잠할 때면 그렇게 포근할 수가 없다. 이들은 완벽하진 않지만 나에게 완전함을 안긴다. 그렇게 증상이 호전된다.

퇴사를 하고 회사에서 얻은 조급증이나 완벽주의증도 조금씩 나아지고 있다. 사실 회사 탓만 할 수는 없다. 모든 건 내 마음에서 온다. 완벽하지 않음을 받아들이고 완전해지기 위해 노력하자. 한껏 충만함을 느껴보자. 힘을 빼고 조금 더 유연하게, 짜증 내지 말고 너그럽게. 남에게도 나에게도.

모든 건 운이다

　세상을 살다 보면 의지대로 되지 않는 일 투성이다. 끊임없이 부의 사다리 끝으로 향하라고 재촉하는 현대 사회. 수많은 사람이 좌절한다. 더 노력하지 않아서야, 능력이 없어서야 하고 스스로를 비난한다. 당장 유튜브를 켜서 자기가 이런 방법으로 성공했다고 주장하는 수많은 이들을 보자. 서점의 자기계발 코너에 가도 수백 권의 책이 나를 반긴다. 마치 성공의 공식이 있어 보인다.

　하지만 이런 조언 내지는 충고가 공허한 건 그 공식이 나에게 그대로 적용될 수 없기 때문이다. 단순히 너와 내가 다른 사람이어서가 아니다. 환경이 다르고, 시점이 다르고, 공간이 다르다. 결과에 영향을 주는 수많은 변수가 있는 상황에서 같은 처방을 내리기란 쉽지 않다.

　그래서 성공 공식을 부르짖는 이들은 대개 둘 중 하나의 길을 택한다. 어디에나 적용될 수 있는 추상적인 주장을 하거나, 아니면 자신에게만 맞는 지극히 개인적인 주장을 하거나. 둘 다 그다지 매력적이지 않다. 그래서 개인적으로 자기 계발 서적이나 관련 영상을 잘 보지 않는다.

　연말에 친구들과 모여 송년회를 했다. 친구의 아이디어로 서로 책 교환을 했다. 〈돈의 심리학〉이라는 책을 받았다. 뻔해보이는 제목과는 달리 아주 좋은 책이라며 추천을 한다. 읽다 보니 처음 생각과는 다른 내용이다. 주로 돈과 성공에 대한 마인드셋을 알려준다.

유난히 마음에 와닿는 구절이 있다. 바로 성공은 대부분 운에 의해 좌우된다는 거다. 이를 받아들이면 자신과 타인을 바라보는 관점이 달라질 수 있다.

만약 성공이 대개 운에 달려있다면 통제할 수 있는 영역, 즉 동기와 과정에 조금 더 집중할 수 있다. 진인사대천명(盡人事待天命; 사람의 일을 다 하고 하늘의 명을 기다린다)의 마음가짐을 갖고 최선을 다하면 된다. 결과는 어차피 건드릴 수 없는 영역이다.

다른 사람의 성공과 실패는 본인만의 몫이 아니다. 사회적 성공에 영향을 미치는 변수는 굉장히 다양하다. 수많은 가수가 노래를 하지만 그중 대박을 치는 경우는 극히 소수다. 사업가나 영화배우, 자영업자, 심지어 회사원도 마찬가지다. 신입사원이 대기업에 입사해 임원으로 진급할 확률은 1% 미만이다. 자신만 노력한다고 되는 문제가 아니다.

그래서 나 자신도, 그리고 타인도 조금 더 너그러운 시선으로 바라봐야 한다. 성공한 사람은 자신의 힘 만으로 그 자리에 올라간 게 아니다. 실패한 사람도 자신의 잘못만으로 그렇게 된 게 아니다. 난 감히 '모든 게 운'이라고 말하고 싶다.

책 〈공정이라는 착각〉은 능력주의를 강하게 비판한다. 성차별주의나 인종차별주의에 명시적으로 동의하는 이는 거의 없다. 하지만 공정경쟁이라는 타이틀을 달고 차별을 정당화하는 능력주의만은 건재하다. 건재한 수준이 아니라 오히려 장려된다. 여성이라서 면접에서 떨어졌다면 그건 잘못된 거지만 자신의 노력으로 붙었다면 그건 아름다운 거다. 그런데 정말 그럴까?

학창 시절 공부를 하며 느낀 건, 노력도 재능이라는 거다. 노력할 수 있는 끈기나 인내심은 의지보다는 천성의 문제다. 부모님의 재력, 선천적으로 타고난 지능, 학업과 관련한 주변 환경이나 인프라는 말할 것도 없다. 소위 '공부머리'는 상당 부분 유전적으로 물려받으며 부모의 학력이나 경제상황에도 큰 영향을 받는다.

하지만 능력주의가 말하는 '공정 담론'이란 상당 부분 이런 차이를 무시한 채 전개된다. 성별이나 인종만큼이나 사는 지역, 지능, 성격, 부모의 사회적 지위 등도 결과에 영향을 미친다. 수능이나 고시같이 '공정하게' 치러지는 시험에도 수많은 변수가 존재한다. 객관식 문제라면 찍어서 맞출 수도 있고, 우연히 아는 문제가 나올 수도 있다. 수험생의 몸 컨디션이나 심리상태도 영향을 미친다.

그렇다고 그 모든 노력을 무시하자는 말이 아니다. 노력한 만큼, 또 성취한 만큼 결과물을 가져가는 건 당연하다. 다만 결과를 바라보는 관점을 조금 바꿔보자는 말이다. 저 사람의 앞서감과 이 사람의 뒤쳐짐은 온전히 그 자신에게만 귀속되지 않는다. 통제할 수 없는 요소에 의해 삶이 좌우되기 때문이다.

퇴사 이후 세상에 던져졌다. 어떻게 살아갈지, 지금 이게 맞는지 확신이 안 설 때가 많다. 모든 게 운이라는 명제는 불안함과 편안함을 동시에 안긴다. 그저 살고 싶은 대로 최선을 다할 것. 결과를 받아들이고 나를 나무라지 말 것. 수시로 까먹을 다짐을 새삼 또 해본다.

반백수의 절약법

난 반백수다. 직장을 뛰쳐나와 현재는 스타트업에서 파트 타이머로 일하고 있다. 하루에 4시간 정도를 근무하니 반은 백수이고 반은 직장인인 반백수다. 백수에게 (사실 직장인에게도) 가장 큰 화두는 돈이다. 당장 필요한 생활비부터, 각종 공과금, 병원비, 경조사비, 문화생활비 등이 갖가지 타이틀을 달고 지갑을 유유히 빠져나간다. 돈을 벌기는 어려운데 쓰는 건 숨쉬기보다 쉬운 세상이다.

직장인 생활을 청산하고 본가로 다시 돌아왔다. 장장 10년 만의 귀환이다. 다른 요소를 차치하고라도 당장에는 돈이 상당히 굳는다. 매달 꼬박꼬박 나가던 월세와 관리비, 식비가 들지 않는다. 닭 우는 소리가 청명한 본가 주변에는 돈을 쓸 곳도 없다. 그 흔한 편의점이나 구멍가게 하나가 없다. 백숙이나 만두전골을 파는 식당만 길가에 있을 뿐이다.

사실 천상 집돌이라 상관은 없다. 인터넷이 잘 돌아가고 주변에 산책할 길만 있다면 충분하다. 집 근처 호수를 따라 산책로가 잘 조성되어 있어 만족하고 있다. 그래도 가끔 친구를 만날 때가 있기 마련이다. 반백수이지만 여전히 평일에 친구를 보기는 어렵다. 내가 가능해도 친구가 시간이 없으니. 그래서 주말마다 약속을 잡는다. 얇디얇은 사회적 관계가 그렇게 유지된다.

밥도 거의 집 냉장고를 뒤적여서 해결하고 점심에도 도시락을 싼다. 회사를 오가는 대중교통비 정도면 끝이다. 그렇게 정말 숨만 쉬면서 잘 사는 중이다. 여긴 공기도 깨끗해서 숨쉬기도 좋다. 지금은 익숙해졌지만 처음에 여기 발을 들였을 때 맑은 공기에 당황했을 정도다. 이래저래 청정지역이다.

문득 궁금해졌다. 현재 숨 쉬는데 들어가는 비용은 얼마나 될까? 당장 내 통장에서 나가는 액수만 헤아려 보았다.

통신비 (+인터넷): 9.5만 원

넷플릭스 구독료: 1.35만 원

어도비 구독: 0.9만 원 (친구와 나눠서 내고 있다)

기부금: 2만 원

보험료: 3.8만 원 (실손보험 + 암보험)

교통비: 약 5~6만 원 (버스나 지하철만 타는 경우)

청약통장: 10만 원

할부금: 3.5만 원 (6개월 할부)

합계: 약 36.5만 원

청약통장이야 어차피 내 통장으로 다시 들어가는 돈이니 실제로는 26만 원 정도가 매달 나가는 셈이다. 숨만 쉬고 있다면 말이다. 국민연금은 우선 넣지 않고 있고, 의료보험은 부모님 밑으로 피부양자 등록을 할 예정이다.

하지만 난 숨 쉬는 것 이상의 삶을 원한다. 가끔 친구도 만나야 하고, 좋아하는 초밥도 한 번씩 먹으려면 말이다. 여행이라도 가려고 하면 돈이 많이 든다. 다행히 빚은 없어서 관리만 잘 하면 얼마든지 연명할 수 있다.

이렇게 보면 엄청나게 절약하며 사는 듯 보이지만 꼭 그렇지는 않다. 삶의 질을 해쳐가면서 아끼지는 않으니까. 고기도 구워 먹고 책도 가끔씩 산다. 넉넉잡아 한 달에 100만 원 정도만 있으면 충분히 먹고살고도 남는다. 그 외에는 미래를 위한 저축이나 투자금으로 남길 수 있다. 그래서 내 1차적인 수익목표는 한 달에 100만 원이다. 직장을 통하지 않고 독립하려면 그 정도 수익이 필요하다.

반대로 생각해보자. 한 달에 100만 원을 벌 수 있다면 굳이 가기 싫은 직장을 꾸역꾸역 다닐 이유가 없다. 모아놓은 돈도 있고 비록 소액이지만 매달 들어오는 배당금도 있다. 그래서 난 돈을 조금 벌어도 '이것밖에 못 벌었네'라고 생각하지 않고 '이 생활을 더 누릴 수 있겠구나'하고 여긴다. 마음이 편하다.

사실 특별한 절약법이랄 것도 없다. 그냥 돈을 안 쓴다. 정확히는 쓸데없는 데에 안 쓴다. 어떻게 벌든 돈은 똑같은 돈이다. 다만 지갑에서 나가는 순간 우선순위를 매기게 된다. 우선순위는 사람마다 다르다. 누군가에게 의류비는 사치겠지만, 누군가에게는 삶의 활력소이자 감각을 키워주는 좋은 수단일 수 있다. 누군가에게는 서적비가, 누군가에게는 식비가 가치 있다. 저마다의 기준을 가지고 자신이 가진 돈을 적절히 쓴다. 뭐가 맞다 틀리다 정답이 있을 리 없다.

난 스스로를 잘 안다. 물건을 사서 얻는 행복은 오래가지 않는다는 걸. 생활하는데 불편함이 없고 제 기능을 다 하면 그만이다. 대신 이른바 경험 소비에는 조금 더 적극적으로 임하는 편이다. 어딘가로 여행을 가거나, 독서모임에 참석하거나, 책을 사거나, 전시회를 가거나 하는 식이다. 콘텐츠를 생산하는 삶을 살려면 인풋이 매우 중요하다. 뭔가 들어오는 게 있어야 생각할 게 있고, 또 내보낼 게 생기는 법이다.

남는 돈은 통장에 모으고 정해놓은 기준에 따라 여러 자산에 배분하여 투자하고 있다. 자산 배분 투자가 내게 가장 잘 맞다는 걸 안 뒤로는 특별히 수익률을 신경 쓰지 않는다. 정신 에너지와 시간도 비용이다. 내게 투자란 돈을 지키고 조금씩 불려 가는 수단이지 하루아침에 부자가 되는 행위가 아니다. 10살부터 투자를 시작한 워런 버핏 역시 자산의 대부분을 중년 이후에 모았다고 한다. 부를 축적하려면 시간이 걸린다.

그럼 결혼은? 집은? 자식은? 노후는? 이렇게 생각할 수 있다. 성향의 차이겠지만 보통 현재를 기준으로 계획을 세우고 실천한다. 먼 미래에서 역산을 하지 않는다. 미래로 가면 갈수록 불확실성은 증대된다. 지금의 기준으로 어떤 결정을 내려도 계속 유효할지는 알 수 없다. 그렇다고 아예 손 놓고 있을 수도 없다. 그래서 지금 무엇을 할 수 있는지를 생각한다.

어차피 뭔가를 하려면 지금 해야 한다. 미래에 미리 가서 조치를 취할 방법은 없다. 어떤 자산군의 가격이 오를지, 내릴지, 언제까지 살 지도 알 수 없다. 어디선가 가난한 사람은 예측을 하고, 부자는 대비를 한다는 글귀를 읽었다. 부자가 아니더라도 마인드는 배울 수 있다. 당장 내일 주가가 어떻게 될지는 알기 어렵다. 다만 자산배분 등의 여러 방법을 통해 불확실한 미래에 대비할 수는 있다.

나는 어쨌든 글 쓰는 사람

"비록 내일 지구의 종말이 온다고 해도 나는 오늘 한 그루의 사과나무를 심겠다."

네덜란드의 철학자 스피노자가 한 말로 알려진 문장이다. 루머라는 얘기도 있다. 이런 종류의 명언이 대개 그렇듯 실제로 스피노자가 저 말을 했는지는 중요하지 않다. 내일 지구의 종말이 온다면 나는 뭘 하고 있을까? 그런 상상의 실타래를 하나씩 풀어낼 수 있으니까.

지구의 종말, 죽음, 우주 멸망 등 극적인 사건은 대개 인생에서 가장 중요한 무언가를 비추는 스포트라이트가 된다. 뿌연 안개가 걷히고 우선시하는 가치가 금방 드러난다. 영화 〈돈 룩 업〉은 거대한 운석이 충돌하기 직전의 세계를 그리고 있다. 영화의 결말 부분에서 주인공은 가까운 이들과 만찬을 나눈다. 인생의 마지막 순간에야 무엇이 중요한지 분명해진다.

질문은 자연스레 나에게로 옮겨온다. 내일 지구의 멸망이 온다면 뭘 할까? 물론 가장 사랑하는 이와 시간을 보내겠지만 그 전에는 글을 한편 쓰겠다. 인생이 어땠는지, 어떤 생각을 남기고 가는지를 쓰겠다. 그렇게 조금 더 분명해진다. 나는 글 쓰는 사람이다.

이런 생각이 든다. 어차피 아무것도 남지 않을 텐데 뭐하러 글을 쓰나. 사실 맞는 말이다. 죽음을 기점으로 모든 게 사라진다. 그래서 누군가는 극도의 쾌락을 추구하거나 마지막까지 쓸데없는 일로 시간을 낭비한다. 죽으면 끝이라는 생각은 대개 두 가지 방향으로 전개된다. 모든 게 허무하니 흥청망청 인생을 써버리거나, 아니면 남은 시간 동안 나답고 가치 있게 살아가거나.

소크라테스는 사형 판결을 언도받고 감옥에서 리라(하프와 비슷한 악기)를 연습한다. 이제 죽을 판인데 태평해 보이기까지 한다. 소크라테스에게 리라 연주란 남은 생을 가치 있게 보내는 방법이다. 끊임없이 질문을 던졌던 현인의 결론은 이렇다. 가치 있는 삶이란 조금씩 더 나아지는 그 자체라고. 그게 리라 연주 실력이든 글쓰기든 사랑이든 뭐든 간에. (참고로 소크라테스는 평생 글을 쓰지 않았다. 진리란 글로 전해질 수 없다는 믿음 때문이었다.)

굳이 죽음이나 지구의 종말 같은 상황을 가정하지 않더라도 글쓰기는 내게 충분히 가치 있는 활동이다. 복잡한 머릿속도 금방 정리되고 생각을 표현하는데 이만한 도구가 없다. 내향적이라 낯을 가리는 편인데 글에는 그런 한계를 넘을 수 있는 힘이 있다. 대답을 재촉하지도 않고, 지루한 표정으로 빤히 바라보지도 않는다. 몇 번이나 다듬고 또 다듬을 수 있다.

나는 어쨌든 글을 쓰는 사람이다. 힘든 순간도 있지만 글은 내게 자유를 준다. 마치 자유자재로 빙판 위를 누비는 피겨스케이팅 선수처럼 글과 글 사이를 오간다. 앞으로 어떻게 먹고 살지, 어떤 사람으로 살아갈지는 모르겠지만 남은 생의 길엔 항상 글쓰기가 있지 않을까 싶다. 이렇게 오늘도 글 하나를 완성한다.

반백수는 오늘도 루틴 중

(반)백수의 시간은 자유롭다. 동시에 위험하다. 조금만 정신을 놓으면 마치 낚싯줄이 풀리듯 속절없이 사라진다. 안 그래도 미래에 대한 불안감을 한 바가지 안고 살아가는데 현실까지 놓쳐버리면 큰일이다. 그래서 정해진 루틴에 따라 생활한다.

최근 포장이 되어서 그렇지 루틴이라는 개념 자체는 예전부터 쭉 있어왔다. 바른생활이나 계획적인 삶 같은 표현으로. 다만 루틴은 조금 더 목표지향적인 활동이라는 점, 자기 효능감이나 자존감과 관련이 깊다는 점이 조금 다를 뿐이다.

루틴을 지속적으로 이어갈 수 있는 동인도 여기에서 온다. 루틴 자체는 지루해 보인다. 매일 같은 일을 정해진 시간에 해야 하다니. 하지만 그 지겨운 일을 스스로 특정하고 달성할 수 있다는 감각은 삶에 큰 보탬이 된다. 관성이나 습관에 끌려다니지 않고 주체적으로 인생을 끌어갈 수 있다. 최소한 그런 기분이 든다.

사실 회사나 학교만 가도 루틴이 있다. 정해진 시간에 정해진 일을 해야 한다. 그 통제된 환경 속에서 만족감을 느끼는 이는 적다. 스스로 선택하지 못했기 때문이다. 루틴이란 스스로 부여하는 규칙이면서 주체성의 발로다. 그래서 힘들지만 괴롭지 않다.

그러다 문득 이런 생각이 든다. 루틴은 나를 어디로 이끌고 있는 걸까? 루틴의 잘못은 아니다. 방향키를 쥐고 있는 건 다름 아닌 나 자신이다. 그저 불안해서 정해진 루틴을 따르고 있는 거라면 주체적인 인생이라고 할 수 있을까? 지금 하고 있는 루틴에 만족하면서도 아쉬운 마음이 든다.

하지만 그렇게 깐깐하게 굴지 않으려고 한다. 루틴은 얼마든지 수정할 수 있다. 또 현재를 충실히 살아내는 건 보람찬 일이다. 어쩌면 모든 불안감은 조급함에서 오는 게 아닐까? 너무 마음 졸이지 말자. 오래된 돌벽의 결을 따라 촉감을 느끼듯 진득하게 받아들여야 할 시간도 있는 법이다.

멈춰야 보이는 무언가도 있고, 때로는 뒤도 돌아봐야 한다. 바쁘게 살아낸 시간만큼 빈 시간도 삶을 알차게 채워간다. 꼭 목적지가 없어도 좋다. 꿈도 목표도 희망도 절망도 없이 묵묵히 살아가면 된다. 인생은 사실 대체로 재미없고, 지루하고, 의미 없다. 매 순간 행복과 의미를 찾으려는 발버둥이 도리어 사람을 불행하게 만든다. 삶의 의미와 충만함을 가장 중요하게 생각하는 나조차도 그렇다.

묵묵히 걸어가는 태도는 삶을 의연하게 마주할 수 있는 힘을 준다. 사실 모든 건 마음의 문제다. 똑같은 루틴을 수행하면서도 각기 다른 생각을 할 수 있다. 적어도 인생의 의미란 부여하기 나름이다. 그래서 허무주의는 허무하다. 아무런 의미도, 가치도 만들어내지 못하기 때문이다. 사소하지만 꾸준한 루틴에 나름의 의미를 얹어보자. 딱 그만큼 인생에는 의미가 부여된다. 또한 앞으로 걸어 나갈 힘을 준다. 그래서 난 오늘도 루틴 중이다.

퇴사 후 한번 더 등 떠밀기

난 겁이 많다.

그래서 망설인다. 거절당할까 봐, 실패할까 봐, 다시는 안전지대(Comfort Zone)로 돌아오지 못할까 봐.

알고 있다. 앞으로 나아가려면 움직여야 한다는 사실을. 알고 있다. 난 겁이 많다는 걸. 그래서 일단 냅다 나 자신을 던져 넣는다. 어떻게든 살아내겠지 하면서.

최근엔 퇴사가 그랬다. 여기서 평생 안주하게 될까 봐, 그게 두려웠다. 그래서 나왔다. 많은 사람들이 박수를 쳐줬지만 알고 있다. 이제야 시작이라는 걸.

퇴사 이후에도 삶이 계속 이어진다. 다르게 살길 원해서 다르게 살아보려 하는데 어쩐지 내 몸은 익숙한 그 무언가를 찾아 헤맨다. 맞지 않는 걸 억지로 참을 필요는 없지만 약간의 불편함 정도는 감수해야 했었는데.

세상은 기다리지 않는다. 누구도 기다리지 않는다. 알고 있다. 알고 있기에 더 두려워진다. 그냥 생각 없이 도전해야 하나? 하지만 뭐라도 있어야 도전할 수 있다. 낙하산도 없이 비행기에서 뛰어내리면 그냥 추락하고 만다.

어쩐지 '경력 있는 신입' 딜레마에 빠진 기분이다. 이걸 하려면 저게 있어야 하는데, 저걸 하려면 또 다른 게 필요하다. 어디서부터 첫 단추를 꿰어야 할까? 우선 익숙한 곳에서 시작해 보기로 한다.

글쓰기, 그리고 루틴.

내가 가진 장점 중 하나는 꾸준함이다. 날 성장시킨다는, 혹은 그 자체로 좋다는 판단만 서면 반복적으로 끌고 갈 수 있다. 이걸 알기에 매일같이 글 쓰는 루틴을 만들었다. 내일의 나도, 모레의 나도, 별 다른 일만 없다면 계속 글을 쓴다. 그저 결심만 하면 된다.

동시에 꾸준함은 항상 불안감을 동반한다. 불안하기에 꾸준함을 유지하기도 하지만 꾸준함 자체가 불안함을 만들어낸다. 올바른 방향으로 가고 있는 건지, 다른 걸 해야 하는 건 아닌지 헷갈린다. 아무도 답을 일러주지 않으니 스스로 찾아야 하는데 그게 참 쉽지 않다.

글쓰기의 힘을 믿는다. 평생 해야 할 일이라는 확신도 있다. 하지만 세상은 이런 기대와는 상관없이 흘러간다. 모든 노력이 그저 헛된 시간으로 드러난다면 어떡하지? 물론 생각을 정리했고, 마음을 가다듬었으니 후회는 하지 않는다. 동시에 뭔가 가시적인 성과를 바라는 건 당연한 욕심이다.

현재 몸을 담고 있는 스타트업 대표님과도 이런 얘기를 나누었다. 글쓰기, 출판. 그 이후엔? 계획 없이 사는 나에게 계획이라니. 냉정하게 말하면 뭐라도 있어야 한다. 다른 플랫폼으로 이야기를 확장하든, 사업을 하든 말이다. 직장에 돌아가지 않겠다고 마음먹었다면 그에 상응하는 무언가가 있어야 한다. 나에겐 지금 그게 없다.

자괴감에 빠지고 싶지는 않다. 글을 쓰는 건 즐겁고 영혼을 가득 채워준다. 다만 글쓰기가 취미나 여가가 아니라 직업이 되려면 경제적인 보상이 뒷받침되어야 한다.

경제적인 보상은 즉각 따라오지 않는다. 진정으로 내 일을 하려면 말이다. 돈을 생각하고 일을 시작하면 돈은 점점 더 멀어진다. 마치 고양이와 같다. 무심한 척 모르는 척 슬쩍 간식을 놓아두고 기다려야 살살 다가온다. 그리고 마침내 고양이가 품에 안겼을 때의 충만함은 세상 그 무엇과도 비길 수 없다.

브런치를 시작했다. 퇴사를 했다. 이사를 했다. 평소 일하고 싶던 분야의 스타트업에도 들어갔다. 등을 한번 더 떠밀어보자. 조심스럽지만 나답게. 뭐라도 하자.

아무도 '그냥' 믿지 말자

내가 좋아하지 않는 책 유형 두 가지.
 1. 무책임하게 위로만 건네는 힐링 에세이
 2. 밑도 끝도 없이 그렇게 살면 안 된다고 다그치는 자기 계발서

첫 번째 유형이 맹물을 떠먹는 느낌이라면, 두 번째 유형은 펴자마자 거부감이 든다. 그들은 대개 자신을 성공한 사업가,

이 시대의 진정한 비즈니스 멘토, 수많은 팔로워가 인정한 구루라고 부른다. 자신이 자산가임을 방증하듯 비싼 정장을 입거나, 아니면 실리콘밸리의 CEO 같이 싸구려 티셔츠를 걸치고 사진을 찍는다.

그러다 대뜸 협박을 한다. 당신은 지금 뒤처지고 있고, 시대는 너무나도 빠르게 변하고 있다고. 자신은 세상의 흐름을 읽어 큰 부를 일구었고 그 방법을 이 책에 자세히 적어두었다는 말도 덧붙인다. 기분이 안 좋은 건 둘째치고 그 묘책이 나에게도 적용되리라는 법은 없다.

자기 계발 분야는 경영학의 개념을 사람에게 적용한 결과물이다. 기업을 경영하는 비즈니스 기법으로 인생을 경영해야 한다는 말이다. 경영학은 여러 기초학문의 개념을 모아 자본주의로 포장한 상품에 가깝다. 학문으로서의 깊이는 얕지만 다른 분야와의 호환성이 좋다. 예술과 경영을 합치면 예술경영, 기술과 경영을 합치면 기술경영이 된다. 학부시절 경영학을 전공한 후 내린 결론이다.

'그럼 인생과 경영을 합치면 안 될까?'라는 물음에서 탄생한 게 바로 인생경영, 다른 말로 자기 계발이다. 사실 자기 계발의 모티프 자체는 인류의 역사만큼이나 오래되었다. 전에는 철학이나 종교가 그 역할을 했다면 이제는 자기 계발이라는 세련된(?) 기업가가 나타나 각 학문의 장점을 고루 흡수한다. 소크라테스가 '너 자신을 알라'라고 했으니 심리테스트 문항을 넣고, 수도사가 했던 감사 기도를 감사 다이어리에 적는다. 그리고 수많은 사례를 들며 이런 행동의 기대효과를 증명한다.

자기 계발서의 목표는 대개 성공이다. 대놓고 돈이라는 책도 있고, '성공적인 인생'처럼 조금 얼버무리는 경우도 있다. 전개 방식도 마케팅 공식을 그대로 따른다. 마치 광고 한 편을 보는 느낌이다. 이 책을 사서 열심히 읽고 실천하면 저들처럼 성공할 수 있다는 메시지를 전달한다. 이는 '갓생', '미라클 모닝', '파이어족' 등의 키워드와 엮이며 끊임없이 재생산된다.

사실 성공하고 싶은 마음이야 무슨 잘못이 있겠는가. 다만 막연한 불안함과 공포심에 사로잡혀 맹목적으로 누군가를 따른다면 자기 계발서에서 줄기차게 주장하는 '나만의 것'이 생기지 않는다. 자기 계발서는 중독적이다. 동기부여 영상의 중독성은 더 심하다. 마치 탄탄대로를 걷는 기분을 느끼게 해 준다. 술에 만취하면 세상 근심이 사라지듯이 말이다.

진짜 문제는 술에서 깨면 시작된다. 머리가 아프고, 속이 메슥거리고, 심하면 구토를 한다. 알코올은 일종의 독소다. 그 독소를 해독하는 과정에서 숙취가 일어난다. 소위 '현타'가 세게 오는 순간이다. 다시 술을 마시면 내가 인간이 아니라는 지키지 못할 다짐을 하면서 헛구역질을 한다.

중독은 마음의 공허감을 채우기 위한 끊임없는 갈망에서 나온다. 중독의 대상은 항상 자극적이다. 술이든 담배든 그리고 자기 계발 콘텐츠든. 이걸 손에서 놓으면 안 될 것 같다. 그래서 더 매달리게 된다. 중독의 대상을 소비하는 동안은 충만하다. 하지만 그 충만함은 순간에 머문다. 자극은 더 커져야 하고, 그동안 삶을 갉아먹는다.

그래서 쉽사리 누군가의 말을 믿거나 따르지 않기로 했다. 수많은 명언 모음집이나 동기부여 문구가 오히려 해가 된다는 걸 깨달은 뒤로는. 사실 자기 계발서는 죄가 없을지 모른다. 오히려 잘 활용하면 인생에 보탬이 될 수 있다. 다만 자기 계발 콘텐츠는 너무나도 손쉬운 해결책을 제시한다. 그래서 더 의심스러울 만큼

퇴사를 하면 당장의 방향성이 없으니 저런 콘텐츠에 더 쉽게 빠져들 수 있다. 유튜브 알고리즘은 이때다 싶었는지 당장 사업을 시작하라는 영상을 마구 노출시킨다. 무슨 마케팅으로 한 달에 누워서 천만 원을 벌었다는 사람, 서른이 조금 넘은 나이에 건물주가 된 사람이 등장한다. 저들의 방법론이 계속 유효했다면 굳이 유튜브 영상을 찍었을까 하는 의문이 든다. 부동산으로 노후를 대비하는 방법은 '부동산으로 노후 대비하는 방법'에 관한 책을 쓰는 것이라는 케케묵은 농담이 생각난다.

이렇다 보니 흔히 말하는 '사짜'를 걸러낼 수 있는 나름의 노하우가 생겼다.

첫째, '한 달만에 수익 천만 원' 같이 말도 안 되게 큰 금액을 대는 사람은 거른다. 숫자는 강력한 마케팅 포인트이지만 돈을 미끼로 누군가를 꾀어내는 건 얕은 수다. 무책임하게 일단 지르고 보는 거다.

둘째, 단기간에 별 노력 없이 성공에 이를 수 있다는 사람은 거른다. 당연한 얘기지만 성공에는 시간이 소요된다. 그것도 꽤 긴 시간이. 물론 본인은 단기간에 막대한 부를 손에 쥐었을 수 있다. 그러나 결과가 상당 부분 운에 좌우된다는 사실을 고려한다면 그 '성공 방정식'이 그대로 먹힐 확률은 거의 없다.

셋째, 자기 말을 안 따르면 인생이 망한다는 소리를 하는 사람은 거른다. 공포심은 가장 즉각적인 동기 요인이다. 어디선가 호랑이가 나를 노리고 있다고 생각하면 누구든지 재빠르게 행동한다. 그런 원초적인 본능에 호소하다니. 정교함이 부족하다.

넷째, 더 자세한 내용은 자기가 집필한 책이나 유료 강의, 1:1 컨설팅(당연히 유료) 등에서 다룬다고 하는 사람은 거른다. 개인 맞춤형 조언을 할 때는 필요할 지 모르겠다. 괜히 뭔가를 감추고 있다는 인상을 주면 믿음이 가질 않는다. 보통 그런 서비스를 이용해봐야 무료 콘텐츠와 다를 바가 없다.

다섯째, 자신의 한계, 실수, 오류를 인정하지 않는 사람은 거른다. 그 누구도 완벽하진 않다. 하지만 적당한 PR과 마케팅의 마사지를 받으면? 이 시대의 진정한 멘토가 탄생한다. 저 수많은 추종자를 보라. 저 사람들이 전부 바보가 아니고서야 어떻게 틀릴 수 있겠는가? 아테네 최고의 현자인 소크라테스도 '나는 아무것도 모른다.'라고 했다. 자신감은 좋지만 과하면 오히려 독이 된다.

만약 누군가 나에게 인생의 조언을 구한다면 딱 두 마디만 하련다. "나답게 살고, 아무도 '그냥' 믿지 마세요."

나라는 장르

최근 〈카우보이 비밥〉(이하 비밥) 시리즈를 정주행하고 있다. 1998년부터 1999년까지 방영한 작품으로 당시 최고의 애니메이션으로 인정받고 있다. 제목에 들어있는 비밥(Bebop)은 재즈의 일종이다. 재즈의 가장 큰 특징은 즉흥성에 있다. 정해진 악보 없이 각 세션이 모여 합을 맞춘다. 그렇게 하나의 새로운 선율이 만들어진다.

배경에 흐르는 재즈 선율과 더불어 이 작품을 더욱 재즈스럽게 만들어주는 게 바로 즉흥성이다. 〈비밥〉은 각 에피소드마다 마치 다른 작품인양 다양한 장르를 보여준다. 액션, 코믹, 로맨스, 호러, 스릴러 등 종잡을 수가 없다. 그런데 어색하지가 않다. 이 모든 모습은 '비밥'이라는 하나의 큰 장르로 녹아든다. 실험적이지만 자신감이 넘친다. 오죽하면 이런 대사를 컷신에 넣었을까.

"The work, which becomes a new genre itself, will be called Cowboy Bebop."

"스스로 새로운 장르가 되는 작품은 앞으로 〈카우보이 비밥〉이라 불릴 것이다."

- 〈카우보이 비밥〉(1998) 중

결과는 대성공이었다. 〈비밥〉은 그 자체로 새로운 장르가 되었다. 다른 예시로는 가수 아이유를 꼽을 수 있다. 아이유의 플레이리스트에는 심심찮게 '아이유라는 장르'라는 수식어가 달린다. 전형적인 아이돌에서 넓은 스펙트럼을 소화하는 아티스트가 되기까지, 아이유의 행보는 〈비밥〉의 그것과 닮아있다.

물론 과정은 달랐다. 〈비밥〉은 다양한 장르를 버무려 자신의 바구니에 차곡차곡 담아내었다. 반면 아이유는 자신의 색깔을 내려놓고 우선 잘 먹히는 부분을 파고들었다. 아이돌 아이유는 수많은 삼촌팬의 심금을 울렸다. 입지를 다지고 서서히 활동 반경을 넓혔다. 아티스트 아이유가 탄생하는 순간이다.

그렇다면 나도 '나라는 장르'를 만들어낼 수 있을까? 〈비밥〉스럽게 혹은 아이유스럽게. 〈비밥〉처럼 자신만의 탄탄한 세계관 안에서 다양한 메시지를 던지는 방법도 있고, 혹은 아이유처럼 시장성이 있는 분야에서 먼저 팬층을 확보하고 이를 확장해나가는 방법도 있다. 보다 현실적인 방법은 후자가 아닐까 싶다.

〈비밥〉 같은 작품이 더 이상 나오기 힘든 이유도 명확하다. 시장성에 대한 데이터가 쌓이고 성공 공식이 어느 정도 확립되다 보니 새로운 실험이 이루어지지 않는다. 스티브 잡스는 "해적이 될 수 있는데 왜 해군에 지원하는가?"라고 했지만 이제 그런 시대도 저문 걸까?

〈비밥〉이 완전한 디지털 패러다임으로 이행하기 직전인 20세기 말에 나왔다는 점에도 주목해야 한다. 마이크로소프트가 촉발한 PC 혁명에서 애플이 활짝 열어젖힌 모바일 혁명으로의 변화. 빅데이터라는 도구가 생겨나고 모든 게 분석되기 시작한 시기. 해적이 되라고 말했던 스티브 잡스가 만들어낸 건 아이러니하게도 '훌륭한 선원이 될 수 있는' 세계일지도 모르겠다.

그렇다고 '예전이 좋았다' 식의 넋두리를 할 생각은 없다. 새로운 시대에 적응하여 살아야 하는 게 현대인의 숙명 아니겠는가. 변화의 속도가 겁날 정도로 빠른 요즘, 나는 오롯이 나로서 설명될 수 있을까? 나만의 독특함과 열정은 어디에서 발견할 수 있을까? 그물을 넓게 펼쳐야 할까, 아니면 한 곳만 집중적으로 파야할까?

가장 유효한 방법은 '집중에서 확장으로' 나아가는 게 아닐까 싶다. 퍼스널 브랜딩이라는 개념은 여기에서 등장한다. 우선 특정 주제의 커뮤니티에서 영향력을 확보한다. 그 과정은 지난하고 반복적이다. 그 이후 고정 팬층이 형성되면 그 기반 위에서 넓게 뻗어가야 한다. 유튜브에서 구독자가 몇십, 몇백만 명인 채널을 보자. 큰 줄기는 있으나 한 가지 콘텐츠만 제공하는 경우는 거의 없다.

다만 〈비밥〉이 주는 인사이트도 여전히 유의미하다. 세계관이 탄탄하다면 애초에 다양한 소재 자체를 장르 삼아 펼쳐놓는 식이다. 소셜 미디어의 발달로 이는 비단 연예인만의 전유물이 아니게 되었다. 물론 자칫 잘못하면 이도 저도 아닌 상황에 빠질 수 있다.

사람은 하나하나가 조그만 우주다. 그 자신이 경험하고 사색한 모든 존재의 총체이기 때문이다. 그래서 조금만 들춰보면 남에게 들려줄 이야기 한 두 개쯤은 가지고 있기 마련이다. 그걸 정제된 형태로 미디어에 풀면 된다.

물론 모두가 이렇게 할 필요는 없을지도 모른다. 장르가 된다는 건 일종의 '셀프 대상화'다. 에리히 프롬은 책 〈자기를 위한 인간〉에서 시장지향형 성격 유형을 언급한다. 시장지향적 인간은 스스로를 시장에서 매매되는 상품으로 인식한다. 그래서 자신의 몸값을 높이기 위해 부단히 노력한다. 스펙, 스토리,

능력은 있으나 정작 자아가 없다. 팔리지 않는 모습은 의미가 없다고 생각하기 때문이다.

잘 나가던 연예인이나 인플루언서가 갑자기 공황장애를 겪거나 우울감에 빠지는 건 이 때문이다. 지속되는 경쟁에 지친 탓도 있겠지만, 시장에서 잘 팔리는 페르소나를 더 이상 견뎌낼 수 없기 때문이다. 수많은 팬이 있지만 그들은 오로지 편집된 그 사람의 편린을 소비할 뿐이다. 진정으로 사랑받을 수 없다는 느낌도 든다. 어려움과 치부, 어두운 면은 온전히 이해받을 수 없을 것 같다.

어쩌면 정말 필요한 건 '나라는 장르'를 온전하게 수용하고 받아줄 가까운 사람일지도 모르겠다. 단 한 명이라도 내가 연주하는 선율을 이해한다면, 계속 무언가를 만들어낼 수 있으리라.

본가로 다시 돌아왔다

지난 10년간 자취를 했다. 중간에 휴학을 위해 1년 정도 본가에서 지낸 시간을 빼면 그렇다. 그동안 대학도 다니고, 군대도 다녀오고, 교환학생도 하고, 직장생활도 했다. 그러다 최근 회사를 그만두고 다시 본가로 돌아왔다. 다행히 현재 다니고 있는 스타트업 근처로 오게 되어 시기가 잘 맞물렸다.

사실은 조금 어색하다. 가족이 이렇게까지 오랫동안(?) 집에 붙어있다니. 시간이 날 때마다 잠깐씩 보던 가족이었는데 이제는 매일같이 얼굴을 맞대고 밥을 먹는다. 본가에서 살면 장점이 많다. 지긋지긋한 월세나 관리비도 안 들어가고, 생활비도 대폭 아낄 수 있다. 독립에는 돈이 든다. 아주 많이.

다만 그 모든 대가를 지불하면서까지 독립을 하는 건 자유가 주는 달콤함 때문이리라. 본가 생활을 한지 한 달이 넘어가는 지금, 더욱더 그때가 그리워진다. 막상 자취생활이라고 해봐야 조그마한 원룸에 어떻게든 몸을 구겨 넣고 살아남기 바빴다. 아플 때 죽을 끓여줄 사람도, 불을 끄고 나왔는지 체크해줄 사람도 없다. 그런 의미에서 본가는 훨씬 넓고 따뜻하다.

우리 가족은 거의 전국에 흩어져 살았다. 아버지가 해외 주재원으로 계셨을 때에는 글로벌하게 찢어진 가족이기도 했다. 그렇게 각자 살아오다 합치려니 잡음이 많다. 서로가 지켜오던 생활습관이 부딪힌다. 환기를 위해 창문을 여는 문제부터, 방은 어디를 써야 하는지, 청소는 어떻게 할지 등 맞춰가야 할 문제가 한두 가지가 아니다.

자취방에서는 음악도 크게 틀어놓고 영화를 보든 글을 쓰든 게임을 하든 누구도 신경 쓰지 않았는데 지금은 뭔가 모를 자기 검열을 하게 된다.

식습관도 규칙적으로 변한다. 정해진 시간에 정해진 식단을 챙겨 먹는다. 사실 좋은 일이다. 다만 모두의 취향이 온전히 반영될 수는 없다. 고기를 먹고 싶어도 냉장고를 가득 채운 마른반찬을 처리해야 하는 날이 있다.

그러다 문득 이런 생각이 든다. 지금이 가족과 함께 살 수 있는 마지막 순간이 아닐까. 어떤 형태로든 독립을 해서 다시 집을 나설 것이고 다시 돌아오지 않겠지. 불평할 것도 없다. 내가 불편한 만큼 가족들 역시 불편하겠지. 더구나 이 집의 주인은 내가 아니다. 서로가 잘 양보하고 배려하며 살아갈 수밖에.

자유는 비싸다. 실제로 그렇다. 스스로 자신의 인생을 자유롭게 꾸린다는 건 그만큼 엄청난 일이다. 경제적으로든 정신적으로든. 그래도 아직은 의지할 부모님이 있어 감사하다. (반)백수를 이렇게 받아줄 수 있는 사람이 부모님 말고 또 있겠는가.

2020년 기준 1인 가구의 비중은 전체 가구의 31.7%를 차지한다. 단일 가구로는 가장 높은 비율이다. 배우자와의 사별로 인해 노인 1인 가구가 많은 외국과는 달리 한국에서는 20대의 1인 가구 비중이 가장 높다고 한다. 학교든 직장이든 본가에서 떨어져 나와 사는 2030 청년, 이게 1인 가구의 흔한 모습이다. 나도 그중 하나였다.

그러다 보니 각종 생활 서비스가 보편화된다. 무인 과일가게에 가면 1인 가구에 맞춘 소포장 제품이 가득하다. 이제 모든 걸 혼자 해야 하는 시대다.

혼자 살기 좋은 사회는 그 반대급부의 욕구도 동반한다. 바로 누군가와 함께 시간을 보내고 싶은 욕구다. 유튜브나 아프리카TV, 트위치 등 인터넷 방송 플랫폼이 폭발적으로 성장한 것도 이런 이유에서다. 다른 건 다 아웃소싱해도 외로움만은 결국 사람으로 풀어야 한다. 아무리 내향적인 사람이라도 관계 없이 살아갈 수는 없다. 의지의 문제가 아니라 생물학적 본성의 문제이기 때문이다. 하다못해 배구공에 사람 얼굴을 그리고 '윌슨'을 찾는 게 인간이다.

그런데 막상 사회적인 관계를 원만하게 맺기가 어렵다. 친구나 가족끼리 만나도 스마트폰부터 열어보는 게 요즘 분위기다. 비단 '젊은' 세대만의 풍경은 아니다. 이제 중장년층도 '스타벅스'에 앉아 '카톡'을 체크한다. 혼자인 삶에 익숙해져 있지만 여전히 어딘가에 속하고 싶은 욕구. 그 타협점을 찾은 모습이다.

어쩌면 관계라고 부르는 걸 다시 정의해야 할지도 모르겠다. 꼭 면대면으로 누군가를 만나야만 관계를 정의할 수 있는 걸까? 아니면 전자 매체를 통해 글자의 형태로만 만나도 관계라고 부를 수 있을까? 어차피 관계란 매개체를 통한 상호작용이다. 말도, 표정도 어쩌면 그저 매개체다. 그런데 왜 눈앞에 친구를 두고 자기 스마트폰부터 들여다보는 장면에는 여전히 거부감이 들까? 사실 나도 이런 행동에서 완전히 자유롭지는 않다. 의식적으로 억누를 뿐이지. 대화를 할 때는 핸드폰을 최대한 보지 않으려고 한다.

거부감이 드는 건 비단 바뀐 세태 때문만은 아니리라. 인간은 아직 카톡만으로 온전히 외로움을 해결할 수 있게끔 진화하지 않았다. 생물학적인 업데이트를 진화라고 부른다면, 이 업데이트는 굉장히 느리게 진행된다. 기술의 발전과는 사뭇 다르다.

물론 그렇다고 매번 피부를 맞대고 직접 대면을 할 수는 없다. 최근의 코로나 사태는 가장 큰 걸림돌이다. 긍정적으로 바뀐 측면도 있다. 송길영 부사장은 이런 현상을 '선택적 대면'이라고 부른다. 펜데믹 사태를 핑계 삼아 보고 싶은 사람만 본다는 거다. 그래서 보고 싶은 사람이 되어야 한다. 최소한 꼴도 보기 싫은 사람이 되면 안 된다.

그럼 보고 싶은 사람이 되려면 어떻게 해야 할까? 기본적으로 상대방에 대한 배려가 필요하다. 배려는 아주 에너지가 많이 드는 행동이다. 아직도 마스크를 내리고 당당하게 길거리에서 담배를 피며 다니는 사람들이 있다. 이들은 세 가지 차원에서 배려심이 없는 사람이다. 하나, 담배연기가 달갑지 않은 이들에 대한 배려가 없다. 둘, 펜데믹 사태 이후 거리두기에 경각심을 가진 이들에 대한 배려가 없다. 셋, 함께 걷고 있는 일행의 안위 혹은 이미지에 대한 배려가 없다. 이런 사람 옆에 있으면 나도 그런 사람 취급을 받는다.

담배 피우는 거 가지고 왜 이리 호들갑이냐고 생각할 수 있다. 혼자 살아가는 사회, 개개인의 삶을 존중하고 지켜주는 게 중요한 사회에서 이런 생각은 꽤 위험할 수 있다. 코로나 시국에도 길을 걸어가며 담배를 피는 사람이 다른 삶의 영역에서는 반듯하게 살아갈까? 다른 사람이 만나고 싶게끔 살아갈까? 물론 자신과 비슷한 이와는 어울릴 수 있겠지만 사회적으로는 고립되어간다. 안 그래도 외로움이 만연해있는데 본인의 삶을 조금씩 갉아먹는다.

물론 '고작' 담배 하나로 사회적 고립을 말하기에는 너무 과장일 수 있다. 결국은 배려심이 중요하다. 모두가 외롭게, 혼자 분투하는 사회에서 배려심은 베푸는 게 아니라 당연히 가져야 할 기본 소양이 된다. 식당에서 갑질 한 번만 해도 소셜 미디어 스타가 되는 게 요즘 세상이다. 기존에는 공인에게만 요구되던 사회적 책임감이 개인에게 부여된다. 이제 함부로 해도 괜찮은 사람은 없다.

본가에서 살다 보니 이런 생각이 든다. 아무리 가까운 사이라고 해도 여전히 배려심이 필요하고 이해심이 필요하다는 걸. 내 삶의 방식을 온전히 고수하려면 굉장한 에너지와 비용이 든다는 걸. 언젠가 다시 찾아올 독립의 그날까지 잘 웅크리고 살아보려고 한다. 전 회사 동기가 영혼까지 끌어모아 자기 집을 산 게 조금은 이해가 된다.

삶에 대해 생각하기 딱 좋은 날씨

   침대에서 일어나 문득 인생을 생각한다. 사실 인생이라는 녀석은 생각을 아무리 해도 알 수가 없다. 내가 제대로 살고 있는 건지도, 아니면 그저 그런 건지도 확실치 않다. 무언가가 확실한 인생이었다면 조금 나았을까? 퇴사 이후 불확실성에 몸을 던진 나는 어디로 흘러가고 있는 걸까? 어떤 특정한 목표의식이 있어야 하는 걸까? 아니면 순간에 최선을 다하면 되는 걸까? 난 지금 최선을 다 하고 있다고 말할 수 있을까? 질문은 그만두자. 이제 일어날 시간이다.

   밤새 내린 눈에 온 세상이 하얗다. 눈이 오면 기분이 착 가라앉는다. 우울한 건 아니다. 눈은 평범한 풍경에 약간의 특별함을 더해준다. 극지방에 사는 건 아니니까. 눈은 물기를 잔뜩 머금고 하늘에서 내려온다. 동시에 정신을 깨워주는 찬바람을 같이 데리고 온다. 지금도 눈이 내리고 있다. 아직은 자신의 모든 걸 쏟아내기엔 충분하지 않았나 보다.

잠깐 창가에 서서 그 풍경을 있는 그대로 바라본다. 미래에 대한 걱정을 잠시 접어두고 그냥 바라본다. 지금 보고 있는 건 눈 오는 창밖이면서 동시에 현재다. 현재에 살면서도 과거에 사로잡히거나, 미래에만 집착하는 사람들이 있다. 사실 내가 그렇다. 지금의 현재가 유의미한 성과를 내지 못한다면 가치가 없다고 여기고, 쉬는 시간도 전진을 위한 수단으로 받아들이는.

사실 그렇지 않다는 걸 안다. 현재는 현재고 미래는 미래다. 그 둘 사이에는 엄연히 장벽이 있다. 미래가 되기까지 기다리지 않으면 미래는 오지 않는다. 오로지 현재의 시간만이 조금씩 미래로 옮겨갈 뿐이다. 가기 싫어도 가야 한다. 두 손과 두 발을 움직여서 뭐라도 해볼 수 있는 시간은 지금뿐이다. 그래서 보통 현인들은 현재의 중요성을 말한다. 이 순간을 받아들이고 최선을 다할 것. 그 수많은 철학의 가르침은 어쩌면 이 한마디로 귀결될지도 모르겠다.

동시에 미래의 먹거리와 인생에 대해 생각하지 않을 수가 없다. 불안해봐야 소용이 없는 걸 알지만 그렇다고 생각을 멈출 수는 없다. 회사를 통하지 않고 스스로 먹고살 길을 계속 찾고, 실천하고, 시도해야지. 그 방법밖에는 없으니까.

평소 계획을 잘 세우지 않는지라 차라리 단기적인 목표를 하나씩 만들어간다. 매일 줄넘기하기, 아침에 일어나서 명상하기, 글 하나씩 쓰기 등등. 인생의 거창한 청사진 따위 내겐 없다.

그런데 사실 인생의 비밀은 여기서 한층 더 깊은 곳에 자리한다. 삶을 과업 내지는 일로만 정의 내리고 평가하면 한없이 괴로워진다. 삶이란 일인칭으로 누리는 시간 전체다. 창밖에 내리는 눈을 구경하는 것도, 창문을 열어 찬바람을 있는 그대로 맞이하는 것도 중요한 인생의 한 조각이다. 워크 앤 라이프 밸런스의 참뜻은 '일이 끝나자마자 삶을 챙기자'가 아니라 '삶에서는 뭐든 균형이 중요하다'이다.

자연이 좋다고 해서 무주공산에서 평생 살아간다면 세속에 찌든 마음이 견뎌내질 못한다. 그렇다고 빛공해로 얼룩진 도시 생활만 하자니 자아가 피폐해진다. 자연과 도시, 일과 여가 사이를 왔다 갔다 해야 한다. 아무나 할 수는 없다. 자유를 누리려면 여유가 있어야 한다. 그게 시간적인 여유든 정신적인 여유든 경제적인 여유든. 삶에 빈 공간을 남기고 자유롭게 사용해야 한다.

여행을 가도 그렇다. 스케줄을 너무 빡빡하게 잡거나, 예산에 제한이 있으면 제대로 즐기기가 어렵다. 물론 자신이 세운 계획을 다 실천해가며 의미를 느끼는 이도 있겠지만 적어도 난 그렇지 않다. 여행지에서 만난 우연에 몸을 맡기고, 여행을 온 이유를 찾고, 순간순간의 아름다움에 소소한 감탄을 하는 것. 그게 내가 여행을 하는 목적이다. 삶이 하나의 여행으로 비유되는 건 이런 이유에서다.

우연에 우연에 우연이 겹쳐 지금 내가 여기 서 있다. 직장을 떠났고, 좋은 사람들을 만나 지금의 회사에서 즐거운 반백수 라이프를 누리고 있다. 머릿속에는 생각이 넘쳐나는데 어떤 결과를 낳을지는 아직 미지수다. 우연함에 마음을 열고 기대를 해볼 수밖에. 눈이 그쳤다. 오후에는 눈사람이나 만들어볼까?

꼭 모두가 퇴사를 해야 할까

퇴사 노래를 부르는 회사 동기에게 막상 퇴사를 하라고 하면 망설인다. 나가고는 싶은데 대안이 없으니, 용기가 없으니, 갚아야 할 대출금이 있으니 실행을 하지 못한다. 나 역시 갚아야 할 융자금이 있었거나, 가정이 있거나, 당장에 돈이 아쉬운 상황이었다면 퇴사를 하지 않았겠지.

그런데 이를 반대로 생각해보면 적어도 나의 경우에 퇴사를 가로막는 유일한 장애물은 경제적 문제 뿐이다. 본가로 이사를 오며 생활비를 대폭 줄였고, 기존에 모아놓은 돈도 있고, 당장 빚도 없으니 과감하게 퇴사할 수 있었다. 딱히 용기 있어서가 아니다. 할 수 있으니까 했을 뿐이다.

소속감이나 네임 밸류, 안정성, 타인의 시선 등 직장에 사람을 매어있게 만드는 다른 요소는 내게 크게 중요하지 않다. 난 조직보다는 혼자, 혹은 소수의 사람들과 일하는 걸 선호하는 편이다. 나중에 사업을 하게 되어도 소규모로 만들어보고 싶다. 누군가에게 그럴듯하게 보일법한 일을 하는 것에는 크게 흥미가 없다. 좋은 차나 명품 같은 사치성 소비에도 관심이 없다.

이런 내가 퇴사를 해야 한다고 말한다면 모두에게 적용될 수 있을까? 그렇지 않다. 누군가는 경제적인 문제에 발목이 잡혀 퇴사를 하지 못한다. 누군가는 타인의 시선에서 자유롭지 않아 퇴사를 하지 못한다. 누군가는 '자신의 일'을 하는 것에는 흥미가 없을 수도 있고, 그냥 정해진 업무를 하고 정해진 월급을 받는 것에 만족할 수도 있다.

그래서 난 함부로 퇴사를 하라고 말하지 않는다. 다만 난 이러이러한 생각을 가지고 있으니 그럴듯하면 잘 고민해보고 실행하라는 정도의 스탠스다. 저마다 상황이 다르고 욕망이 다른데 어떻게 일괄적으로 권유할 수 있겠는가.

애초에 모든 사람이 퇴사를 해야 한다고 생각하지도 않는다. 회사라는 거대한 조직을 통해서만 할 수 있는 일도 있고,

직장에서 삶의 의미를 찾는 사람도 있다. 또 꼭 필요한 영역에서 모두가 퇴사를 감행한다면 누가 사회를 이끌어가겠는가.

사람은 누구나 자기중심적인지라 어차피 나갈 사람은 나가고, 안 나갈 사람은 나가지 않는다. 그냥 조금 공감하는 정도로 끝나는 사람도 있고, 진지한 고민의 단서가 되는 사람도 있다. 예수는 '들을 귀 있는 자는 들으라'라고 말한다. 신의 아들이라고 불리는 예수조차 모든 이를 설득하지는 못했다. 하물며 평범한 글쟁이 하나가 끄적인 말은 오죽하겠는가.

사실 모두를 설득하고자 하면 그 누구도 설득하지 못한다. 글을 쓸 때 항상 나 자신을 우선 납득시키려 한다. 나조차도 믿지 않는 사실을 가지고 어떻게 다른 사람에게 영향을 줄 수 있겠는가. 그렇게 한 명, 두 명, 찬찬히 시작하는 것이다.

글을 쓴다는 건 참 외로운 작업이다. 자기 만족감이 가장 큰 동력이지만 외부적인 피드백에 영향을 받지 않는다고 하면 거짓말이다. 타인의 시선이 전혀 중요하지 않았다면 굳이 공개된 플랫폼에 글을 연재할 이유가 없다.

당당하게 자존감을 지키며 살아가는 이미지, 그리고 소셜 미디어, 모바일 플랫폼 등의 여러 매체를 통해 타인의 관심을 갈구하는 이미지. MZ세대는 이 상반된 두 이미지를 잘 봉합해야 하는 과제를 떠안는다. 이 모순점을 어떻게 해결할 수 있을까?

소위 인플루언서가 되는 것이 정답에 가까워 보인다. 인플루언서는 본인만의 고유한 색깔과 인사이트를 전달하며 영향력을 행사한다. 동시에 타인이 얼마나 관심을 가져주느냐에 따라 성패가 갈린다. 연예인을 비롯한 셀레브리티는 만들어지는 면이 강하다. 아이돌 하나를 데뷔시킬 때도 세계관이나 개별 멤버의 컨셉까지 세세하게 지정하는 게 요즘 세상이다. 각 매체를 통해 홍보자료가 뿌려지고 주요 방송에도 출연한다.

인플루언서에게는 그런 '뒷배'가 없다. 오로지 플랫폼을 기반으로 맨바닥에서 일어나야 한다. 사실 사람은 저마다 다르면서도 비슷하다. 할 얘기도 그만큼 겹칠 수밖에 없다. 이전만 해도 세계여행이 꽤나 특별한 경험이었지만 이제는 '퇴사 후 세계여행'이 보편화되었다. 물론 코로나 사태로 말미암아 여행을 한다는 자체가 다시 특별해지기는 했지만.

이런 상황에서 특별함을 더하는 방법은 크게 두 가지다. 하나, 자신만의 고유한 이야기를 솔직하게 노출하기. 둘, 고민에 고민에 고민을 얹은 결과물을 생산하기. 여기서의 '고민'은 망설임보다는 숙고에 가깝다. 일종의 장인이 되어가는 과정이다. 각종 콘텐츠가 쏟아지며 전반적으로 수준이 상향 평준화된 요즘 세상에는 숙고가 꼭 필요하다.

앞으로 뭘 만들어갈지 더욱 고민이 되는 요즘이다. 다른 사람과도, 나 자신과도 겹치지 않으면서 퀄리티가 좋은 콘텐츠를 생산하라니. 하긴 이런 도전이 없다면 어떻게 자신을 크리에이터라고 할 수 있을까.

고민의 총량을 팝니다

'스타벅스는 커피를 팔지 않는다.', '애플은 아이폰을 팔지 않는다.' 마케팅이나 브랜딩을 조금이라도 공부했다면 수없이 듣는 말이다. 물론 제품 단위로 보면 스타벅스는 커피를 팔고, 애플은 아이폰을 판다. 하지만 소비자가 특정 브랜드를 택하는 건 제품 때문만이 아니다. 소비자는 스타벅스가 제공하는 편안함, 감성, 문화를 소비한다. 또한 애플에서 느낄 수 있는 직관성, 창의성, 통합된 생태계를 소비한다. 소비자는 제품이 아니라 가치를 소비한다.

그런데 가치란 하루아침에 생기지 않는다. 의식적이고 일관되게 브랜드 자산을 쌓아나가야 한다. 애플이라는 브랜드의 이면에는 수없이 갈려나간 디자이너와 개발자의 노고가 있다. 그들의 고민이 제품과 서비스 하나하나에 녹아있다. 그렇게 깔끔하게 정돈된 결과물을 얻으려면? 애플 제품을 구입하면 된다. 그렇게 애플 스토어 앞에서 긴 줄을 선다.

나이키나 레고도 마찬가지다. 왜 고작 운동화 하나에 감탄을 할까. 레고 피스가 딱 하고 맞아떨어지는 소리를 들으면 왜 전율이 흐를까. 이 플라스틱 조각을 벼려낼 때 들어간 레고 디자이너의 숙고가 느껴지기 때문이다. 적어도 난 그렇다. 그래서 그 비싼 돈을 주고 레고를 산다. 레고는 그 자체로 하나의 경험이 되고 가치가 된다.

글이나 영상 같은 콘텐츠도 마찬가지다. 만약 글을 읽을 때 술술 읽히고, 영상에도 어색한 부분이 없다면 편집자가 수없이 고민한 거다. 처음부터 모든 걸 완벽하게 편집할 순 없다. 브런치에 글을 쓰는 경우에도 최소 1~2번의 퇴고를 거친다. 매일 글을 써야 하기 때문에 평소에도 소재를 고민하고 주제에서 벗어나지 않게 애를 쓴다. (물론 매번 조금씩 실패한다)

소비자는 콘텐츠나 제품이 아니라 고민의 총량을 산다. 그래서 이른바 '전략적인 고민'이 요구된다. 소비자의 마음에 들어가서 그들을 위한 결과물을 산출해야 한다.

자극적인 썸네일과 제목으로 이목을 끄는 이들은 언뜻 이런 전략적인 관점을 제대로 체화한 것처럼 보인다. 이들의 콘텐츠는 항상 높은 조회수를 기록한다. 반면 잔잔하게 자신만의 길을 가는 이들은 주목받지 못한다. 심혈을 기울여 제작한 콘텐츠보다 연예인 가십이 더 각광을 받는다. 허탈하다. 나도 저렇게 해야 하나 싶다.

그런데 전략적인 관점에서 보면 그런 행보는 오래가지 못한다. 대중은 자극을 접하면 항상 더 큰 자극을 원한다. 그게 자극의 생리다. 처음에는 각설탕 한두 개만 들어가도 충분했던 커피에는 이제 시럽을 몇 펌프나 넣어야 한다. 떡볶이도 점점 더 매워지고, 피자에는 더 많은 치즈가 얹어진다. 더 많이, 더 자극적으로, 더, 더, 더. 자극은 만족을 모른다. 순간적으로 소비되고 버려진다. 더 큰 자극을 찾아 나선다. 더, 더, 더.

전략은 항상 지속성을 전제로 한다. 이 순간만 모면하면 된다는 마인드셋은 전략과는 거리가 멀다. 브랜딩은 전략을 동반해야 한다. 일시적인 관심을 끌기 위해 자극적인 문법으로 무장한다면 살아남는 브랜드가 될 수 없다. 당장은 뜨내기손님을 받을 수 있지만 금방 밑천이 드러나고 만다. 그런 브랜드 곁에는 아무도 남지 않는다.

브랜딩이란 거칠게 말해 '누구에게 무엇을 어떻게 제공할까'에 대한 대답이다. 일관성 있게 꾸준하면 진정성이 생긴다. 관계도 마찬가지다. 진정성 있는 관계를 맺으려면 오랜 시간과 정성이 필요하다. 대신 한번 구축되면 웬만한 일로는 흔들리지 않는다. 브랜딩은 돈을 버는 방법론이 아니라 관계를 맺는 방법론이다. 경제적인 보상은 부산물이다.

매일같이 콘텐츠를 생산하는 입장에서 브랜드란 '타깃 독자층에 인사이트를 포스팅의 형태로 제공'하면서 만들어진다. 여기서의 타깃 독자층은 단순히 '30대 초반 남성' 같은 인구통계학적인 기준으로만 정의되지 않는다.

예를 들어 '퇴사'라는 키워드를 보자. 아주 단순하게 보면 이 책의 타깃 독자층은 '퇴사에 관심 있는 사람'이다. 사실 웬만한 직장인은 퇴사에 크든 작든 관심을 기울이고 있다. 다들 사직서 한 장씩을 가슴에 품고 산다고 하지 않는가. 그럼 전체 직장인에게 소구하려면 어떻게 해야할까? 아주 추상적이고 일반적인 말만 반복할 수밖에 없다. 퇴사 통계를 소개하거나 퇴사 후 진로에 대한 짤막할 설명 정도? 그 이상의 가치를 제공하는 건 거의 불가능하다.

브랜딩을 하려면 자신이 관계를 맺고 싶은 사람을 분명히 정의 내려야 한다. 물건을 팔아먹기 위해서가 아니라 진정한 '내 사람'을 찾는 과정이다. 온라인에서 브랜딩을 검색하면 보통 순서가 반대로 되어있다. 어떻게든 많은 사람에게 사기에 가까운 콘텐츠를 팔아서 경제적 자유를 얻자는 식이다. 브랜딩의 1차 목적은 돈이나 경제적 자유가 아니라 진정성 있는 관계 맺음이다.

그럼 관계 맺고 싶은 사람을 어떻게 알 수 있을까? 자아성찰을 해야 한다. 스티브 잡스를 떠올려보자. 그는 어떤 사람에게 애플 제품을 팔고 싶었을까? 아마 자신의 철학에 동의할 수 있는 혁신가가 아니었을까? 세상을 바꿀 창의성을 가진 해적 같은 사람. 스티브 잡스는 정확히 그 포인트를 짚었고, 많은 이들이 애플에 열광했다.

이 책은 '내 사람'을 찾는 과정이면서 동시에 '나라는 사람'을 알아가는 과정이기도 하다. 성찰이 끝나고 길을 떠나는 게 아니라 걸어가면서 자신을 돌아봐야 한다. 처음부터 자기 자신에 대해 완벽히 아는 건 불가능하다. 일을 진행하며 새롭게 발견하는 모습도 있다. 다년간 글을 연재한 결과 난 '자아의 고유성과 독립을 중요하게 생각하는 사람'이라는 걸 알게 되었다.

결국 스스로에 대한 성찰과 사색을 통해 나만의 길을 발견해야 한다는 거다. 일시적인 충동이나 유행, 타인의 시선, 사회적인 압박, 조직의 논리에 휩쓸리지 말고 자신을 있는 그대로 대면해야 한다. 그래야 인생을 제대로 살아갈 수 있다.

사실 이런 메시지는 가장 잘 소비되는 분야는 아니다. 사람들은 보통 '당장 돈을 벌 수 있는 방법, 공무원에 합격하는 방법, 저 남자를 내 남자로 만드는 방법'을 알고 싶어 한다. 그리고 그런 사람들에게 내 인사이트는 지루한 공염불에 불과하다. 고유성이나 자아성찰 같은 뜬구름 잡는 소리나 하고 있으니까. 알고 있다. 알면서 시작한 거다.

브랜딩을 하려면 길게 봐야 한다. 단기간에 가능한 건 프로모션이지 브랜딩이 아니다. 한 줄로 정리하면 다음과 같다.

자신에 대한 성찰 → 내 사람(타깃) 정의 → 일관된 메시지 전달 → 내 사람(팬층)이 모임 → 브랜딩

물론 일관된 메시지를 전달한다고 해서 모두가 같은 이유로 모이는 건 아니다. 그냥 재밌어서 보는 사람, 공감해서 보는 사람, 새로운 생각이 신선해서 보는 사람, 어쩌다 스쳐 지나가는 사람도 있겠지. 글이 쌓이고 다른 주제로 확장해야 할 때마다 겪게 될 일이다. '고유성과 독립'이라는 하나의 기치 아래 다양한 사람을 만나고 싶다. 나라는 사람이 자체로 하나의 브랜드가 될 때까지, 글쓰기를 멈추지 않으려 한다.

퇴사는 빠르게, 은퇴는 느리게

조기에 은퇴하여 경제적 자유를 이루자는 파이어족이 주목을 받고 있다. 파이어족은 단순히 돈을 많이 벌자는 소리가 아니다. 돈을 '빨리' 많이 벌자는 말이다. 적어도 40살 이전에 은퇴를 하여 자기가 하고 싶은 일만 하면서 사는 삶. 생각만 해도 가슴이 두근거린다. 그렇다면 어떻게 그 꿈을 이룰 수 있을까?

파이어족이 되는 방법은 크게 두 단계다.

1. 현재 소득을 극도로 절약하여 시드머니를 모으기. 사람마다 다르지만 보통 1억이 기준이다.

2. 그 시드머니를 금융자산으로 활용하여 경제적 자유를 획득하기.

현실적으로 파이어족이 되기 위해서는 어떤 과정을 거쳐야 할까? 논의를 단순화하기 위해 평균적인 대졸 신입사원을 기준으로 해보자. 우선 시드머니 1억을 가능한 한 빠르게 모아야 한다. 이를 위해서는 지금 벌고 있는 소득의 상당 부분을 저축해야 한다. 사람마다 소득도 다르고 취업이나 사업 등으로 돈을 처음 벌어들이는 시기도 다르다. 2018년 기준 대졸 신입사원의 평균 연령은 30.9세다. 지금은 코로나 사태 등의 이유로 더 늦어졌을 개연성이 크니 31살로 계산해보자.

31살의 대졸 신입사원은 2020년 기준 평균 3,382만 원의 연봉을 받는다. 세금과 4대 보험을 제외하면 월 실수령액이 약 250만 원 정도다. 돈을 남김없이 저축하면 1억을 모으는데 딱 40개월이 걸린다. 3년 4개월 정도다. 하지만 이건 애초에 불가능한 수치다. 그렇다면 정말 독하게 아껴서 월급의 80%를 저축했다고 가정하자. 그럼 한 달에 200만 원씩을 저축하여 딱 50개월이 걸린다. (자취를 하거나 차를 굴리는 건 꿈도 꾸지 못한다) 4년 하고도 2개월 정도다. 중간에 보너스도 받고 예적금이자도 소액 수령했다고 본다면 4년이다. 나이는 어느새 35살이다.

적어도 40살 이전에 경제적 자유를 얻으려면 딱 5년이 남는다. 경제적 자유를 얻으려면 얼마의 돈이 필요할까? 아마 최저 생계비 정도를 원하지는 않을 것이다. 아주 넉넉하진 않더라도 중간은 가는 삶을 꿈꾸지 않을까? 통계청의 자료에 따르면 2022년 기준 1인 가구의 중위소득은 1,944,812원이다. 넉넉 잡아 200만 원 정도의 돈이 있으면 중간은 간다.

그럼 40살부터 여생까지 매월 200만 원 정도를 계속 지출할 수 있어야 파이어족이 가능하다는 말이다. 연으로 환산하면 2,400만 원이다. 목돈을 가지고 연 3%의 금융 수익을 원금 손실 없이 매년 실현할 수 있다고 가정해보자. 계산해보면 8억 원을 가지고 있어야 한다. 그럼 아까 열심히 모은 1억 원을 5년 만에 8억 원으로 만들려면 얼마의 연 수익률을 기록해야 할까? 약 52%다. 말도 안 되게 높은 수치다.

근로소득을 계속 같은 비율로 모은다고 가정해도 마찬가지다. 이 경우 5년 동안 1억 2천만 원을 모으게 되고, 연 수익률은 약 47%를 올려야 한다. 여전히 거의 불가능한 숫자다. 강남에 아파트를 사면 매년 2배씩 오를 수 있다고 항변할 수 있지만 (최근 추세로 보면 그렇지도 않지만) 애초에 1억 원으로는 아파트를 살 수가 없다.

그렇다면 허리띠를 조이고 더 높은 수익률을 추구하는 게 정답일까? 아니면 애초에 파이어족은 이룰 수 없는 백일몽에 불과한 걸까? 물론 알고 있다. 그저 하나의 가정에 불과하다는 걸. 더 높은 소득을 올리는 사람도 있고 40세가 아니라 45세에 조기 은퇴를 꿈꾸는 사람도 있다.

중요한 점은 이거다. 파이어족이 되는 건 생각보다 쉽지 않고 더 나아가 현실적이지 않다. 앞선 가정에서는 큰 단위로 들어가는 지출이나 물가상승률, 실직 등의 위험, 원금 손실의 위험을 고려하지 않았다. 이 모든 경우의 수를 전제한 완벽한 계획이란 있을 수 없다. 더구나 그걸 40살 이전에 이루겠다는 건 더더욱 비현실적이다.

이미 한국인의 기대 수명은 82세를 넘어섰다. 2030년이 되면 기대수명이 90세가 넘을 거라는 예측도 나오는 상황이다. 한국인은 세계 그 어떤 국민보다도 장수할 예정이다. 반면 노인빈곤율은 OECD 국가 중 가장 높은 편이다. 한마디로 한국인은 가난하게 오래 산다.

그렇다면 어떻게 해야 할까? 인구학자 조영태 교수는 책 〈인구 미래 공존〉을 통해 힌트를 제시한다. 미래의 한국에서 생존하려면 최대한 은퇴를 늦춰야 한다. 더 나아가 은퇴를 하지 않고 계속 소득을 올릴 수 있어야 한다. 국민연금은 수령액이 크지 않은 데다 약 2055년을 기준으로 고갈이 될 예정이다. (물론 세금으로 보전을 하겠지만 이 경우에는 조세부담이 커지고, 수령액이 더 커지기 어렵다) 퇴직 연령도 점차 당겨지고 있다. 반면 수명은 계속 늘어난다. 살기 위해서라도 돈을 계속 벌어야 한다.

수익을 올리기 위해서는 계속 변화해야 한다. 알고 있다. 쉽지 않은 일이라는 걸. 하지만 직장이나 국가, 또는 가족이 노후를 책임져줄 수 없는 상황에서 우선은 개개인이 살 길을 찾아야 한다. 각자도생의 현장이 된 한국의 현실을 바꾸려는 노력도 해야겠지만.

직장에 언제까지고 의존할 수는 없다. 그렇다고 은퇴를 마냥 앞당겨서도 안된다. 돈은 가능한 한 길게 벌어야 한다. 그렇게 하려면 파이어족이나 평생직장 담론이 아닌 평생직업 담론을 받아들일 필요가 있다. 자신이 잘하고, 또 좋아할 수 있는 일을 찾아 계속 변화해야 한다. 다음 스텝을 생각하지 않고 마냥 주저앉아있거나, 불확실한 금융 소득에만 의지한다면 큰 화를 당할 수 있다.

살기 위해서라도 퇴사를 해야 한다. 은퇴는 최대한 늦춰야 한다. 남은 생애 주기 동안 지속적으로 소득을 올려야 미래의 한국 사회에서 살아갈 수 있다. 자신의 경쟁력을 개발해야 하고, 계속 배워야 한다. 꼭 본업과 관계가 없더라도 지속적인 학습이 중요하다. 본업은 향후 몇십 년 안에 없어질 확률이 크기 때문이다. 새로운 경험과 지식에 마음을 열고 세상의 변화를 잘 관찰해야 한다. 어렵다고 눈을 감는 건 자유지만 결과는 생각보다 묵직하게 찾아올 수 있다.

결국 미래는 '내 일'을 적극적으로 탐색하고 체화한 이들의 것이다. 대단한 자산가가 되어야 할 필요도 없다. 평범하게 사는 것도 힘이 부칠 때가 많으니까. 나 자신과 주변 사람을 지킬 정도가 되려면 이전과는 다른 방향의 노력이 필요하다. 그 순간을 위해 매일 하나씩 쌓아가보자.

독립하고 싶다면 디자인

요즘 디자인 공부에 박차를 가하고 있다. 지금 다니는 스타트업에서 디자인 툴을 다루고 있기도 하고, 독립에 가장 필수적인 능력이라고 생각해서다. 전문 디자이너도 아닌데 디자인이 왜 그렇게 중요할까?

대학생 시절 광고 동아리를 다니면서 느낀 건 기획력이 좋아도 구현할 수 있는 기술이나 감각이 없다면 아무 소용 없다는 거다. 파워포인트 슬라이드까지는 만들었지만 포토샵이나 프리미어 프로 같은 디자인 툴을 거의 만질 수가 없었다. 그러다 보니 제작, 더 나아가 기획 단계에서부터 제약이 생긴다. 아이디어가 묻히는 경우도 부지기수다.

디자인은 비단 어도비 프로그램으로 대표되는 디자인 툴에만 국한되지 않는다. 파이썬이나 C언어 등의 코딩이나 앞서 언급한 프레젠테이션 툴, 엑셀, 심지어 글쓰기 툴에도 적용된다. 디자인이라고 썼지만 더 정확히는 '뭔가를 시각적으로 표현할 수 있는 능력'이 중요하다. 그리고 디자인 툴을 다룰 수 있는 스킬은 그 중심에 있다. 가장 직접적으로 아이디어를 시각화할 수 있기 때문이다.

디자인은 그림과는 또 별개의 영역이다. 물론 그림을 잘 그리는 사람이 디자인적 감각을 가지고 있을 가능성이 높다. 하지만 그림을 못 그린다고 해서 디자인을 못하는 건 아니다. 손으로 잘 그리는 능력보다는 오히려 잘 보는 게 더 도움이 많이 된다. 즉 어떤 디자인이 좋은지 알아볼 수 있는 눈을 기르는 것, 그게 디자인 공부다.

디자인은 아주 단순하게 말하면 각종 '요소'의 '보정과 배치'이다. 디자인에서의 요소는 배경이 될 수도 있고, 글자가 될 수도 있고, 도형이나 이미지가 될 수도 있다. 디자인에는 정답도, 공식도 없다. 다만 확실한 오답은 있기에 그걸 피해 갈 뿐이다. 정답이 없다는 건 매번 창의적으로 결과물을 뽑아내야 한다는 걸 의미한다. 디자인의 고통과 희열은 여기에서 온다.

디자인은 논리가 아닌 감각의 영역이라고 하지만 생각보다 정해진 틀을 따른다. 특히 색감이나 비율은 거의 공식화가 가능할 정도다. 황금비율에서 안정감을 느끼는 게 대표적이다.

색감 역시 잘 어우러지는 조합이 분명 존재한다. 생뚱맞은 색 조합을 사용하면 누가 보더라도 디자인이 어색해진다.

생각해보면 사람이 만든 거의 모든 존재는 디자인의 산물이다. 책상이나 달력, 유튜브 썸네일도 다 마찬가지다. 그러니 '디자인 감각이 없다'며 포기한다면 뭔가를 만들어내기란 굉장히 어려운 일이다. 물론 바로 복잡하고 세련된 이미지를 뚝딱하고 뽑아내기는 힘들다. 하지만 나쁘지 않은 정도, 깔끔한 정도의 결과물은 누구나 낼 수 있다.

회사를 통하지 않고 독립을 할 때 디자인 능력은 큰 힘이 된다. 특히 콘텐츠를 만들고 퍼스널 브랜딩에 관심이 있다면 디자인은 거의 필수적이다. 매번 외주를 주는 방법도 있겠지만 그것도 어느 정도 궤도에 올랐을 때의 이야기다. 애초에 디자인 경험이 없으면 뭐가 좋은지를 알아볼 수가 없다. 전문지식까지는 아니더라도 최소한 감각은 있어야 한다. 디자인 감각은 훈련과 학습을 통해 길러질 수 있다.

그렇다면 구체적으로 무엇을 배워야 할까? 디자인을 하기 위해 회화의 역사를 뒤적일 이유는 없다. 아까도 말했듯 그림과 디자인은 다른 영역이다. 먼저 디자인 툴을 중심으로 시작하면 좋다.

1. 어도비 포토샵
2. 어도비 일러스트레이터

3. 어도비 프리미어 프로 혹은 애플 파이널 컷

4. 프로크리에이트 (아이패드)

　조금이라도 디자인에 관심이 있다면 익숙할 프로그램이다. 관련 강의도 유튜브에 무료로 풀려있는 경우가 많아 잘 찾으면 크게 비용을 지불하지 않고도 익힐 수 있다. 물론 프로그램를 사용하려면 구독을 하거나 구매를 해야 한다는 단점은 있다. 현재 어도비 프로그램을 구독하고 있고, 프로크리에이트도 구매할 예정이다. 특히 일러스트레이터는 실무에서 정말 잘 활용하고 있다.

　툴 사용법과 함께 디자인 자체에 대한 공부도 병행하면 도움을 많이 받을 수 있다. 좋은 디자인을 따라 해 보는 방법도 있고, 책이나 강의를 참고해도 된다. 색조합을 안내하는 사이트도 많으니 자주 방문해서 감각을 키우는 것도 좋다. 여기에 타이포그래피(글자와 관련한 디자인) 정도만 배워두면 기본적인 디자인은 거의 완벽하게 할 수 있다.

　나도 디자인을 계속 배워가고 있는 중이다. 아직도 갈 길이 멀다. 주체적으로 독립하는 삶을 위해 디자인 공부를 계속할 예정이다.